AF363350

LA VIE ET LES ŒUVRES

DE

M. DE LABORIE

SOCIÉTÉ ANONYME D'IMPRIMERIE DE VILLEFRANCHE-DE-ROUERGUE
Jules Bardoux, Directeur.

M. DE LABORIE

LA VIE ET LES ŒUVRES

DE

M. DE LABORIE

PRIEUR DE NOTRE-DAME DU PUY, DE FIGEAC

PAR

UN DE SES SUCCESSEURS INDIGNE

SOCIÉTÉ ANONYME D'IMPRIMERIE

DE VILLEFRANCHE-DE-ROUERGUE

1896

AU LECTEUR

L'auteur de cet opuscule, depuis plusieurs années, a consacré ses heures inoccupées à la lecture des vieux papiers qui lui sont tombés sous la main. Parmi un grand nombre de pages inutiles ou simplement curieuses, il en a rencontré qu'il croit capables d'intéresser et d'édifier ses confrères dans la prêtrise, et même tous ceux qui prendront la peine de les lire : il les donne au public.

Le lecteur regrettera peut-être de ne trouver que peu de détails sur la famille et les premières années du saint prêtre dont la vie se déroule à la fin parmi tant de documents précis et de dates exactes. Ces détails, où les trouver? À Figeac, on a consulté les vieux manuscrits, à bâtons rompus, selon le temps et les loisirs ; mais qu'il est grand le nombre d'heures consacrées à ces recherches !

Pour trouver quelques détails suivis sur la famille de M. de Laborie, il eût fallu passer un mois à Martel ou dans les environs, à compulser et à déchiffrer les vieux manuscrits dans les mairies, chez les notaires ou dans les maisons qui ont des archives ; mais l'auteur, qui écrit pour Figeac et non pour Martel, n'a pas cru que les résultats qu'il pouvait raisonnablement attendre de ce travail considérable fussent suffisants pour le motiver. Au fond, tout ce qui touche à la famille de M. de Laborie est de pure curiosité et reste étranger au but de l'ouvrage, qui est de mettre en lumière les grandes œuvres de M. de Laborie à Figeac, de donner au public la physionomie de cette ville au dix-septième siècle, et aussi de ramasser et de réunir en un seul faisceau des documents intéressants et des faits nombreux, ignorés de la génération présente et disséminés dans une foule de manuscrits qui de jour en jour deviennent plus rares et finiront par disparaître tout à fait.

Les faits même étrangers à la vie de M. de Laborie lui servent d'encadrement, et le cadre a sa valeur, quoiqu'il ne tienne en rien au tableau ; c'est pourquoi bien des détails qui pourraient paraître hors-d'œuvre et pur bavardage sont cependant à leur place selon la pensée de l'auteur : il suffit qu'ils aient paru dignes d'être sauvés de l'oubli.

Ce qui est dit des vertus de M. de Laborie et des efforts qu'il fit pour renouveler la ville est pris des auteurs du temps ; mais les quelques notions qu'ils nous ont laissées ont si peu de précision, contiennent si peu de faits et si peu de dates, que force a été de rester bref et vague : à ce défaut il n'y avait pas de remède.

Par surcroît, outre les avantages déjà signalés, ces pages, en rajeunissant le passé, rendront quelques rayons de gloire à l'église de Notre-Dame du Puy, de Figeac, qui pendant de longs siècles brilla d'un grand éclat.

Diminuée au temps présent par la force des circonstances, elle doit, affirme-t-on, subir à bref délai une déchéance plus douloureuse encore. L'auteur a voué à cette chère église du Puy sa vie tout entière avec amour : il se complaît à penser que, lorsqu'il ne sera plus, ce petit livre restera et parlera pour la défendre encore. Si, par impossible, elle devait un jour être ensevelie dans l'oubli, par l'indifférence et l'abandon de ses propres enfants autant que par le malheur de sa destinée, qu'il éclaire son tombeau ne serait-ce que d'une lumière vacillante, et le rende moins triste et moins sombre !

B. M.

Figeac, le jour de l'Immaculée-Conception de N.-D. la Vierge Marie. — 15 décembre 1895.

LA VIE ET LES ŒUVRES

D E

M. DE LABORIE

CHAPITRE PREMIER

LES PREMIÈRES ANNÉES DE M. DE LABORIE. — IL ÉTUDIE
A MARTEL, A TOULOUSE, A CAHORS

En 1623 et le 18 juin, naquit à Martel, dans le haut Quercy et dans la vicomté de Turenne, de parents aussi illustres par leur rang que par leur piété chrétienne, un enfant qui, du nom de sa famille, s'appela de Laborie et reçut au baptême le prénom d'Antoine. Son père fut M. Jean de Laborie[1], avocat au parlement de Bordeaux, seigneur de Murel, et sa mère, demoiselle Anne de Pagès, mariés; et fut parrain M. Antoine Pagès, prêtre et abbé de l'abbaye de Pauf, en Limousin, et marraine demoiselle Marie de Laborie.

Il est connu à Figeac sous son nom latin de Deboria. Ainsi l'a appelé le *Flosculi,* écrit en latin, il est vrai;

----

1. « Jean de Laborie, lieutenant particulier à Martel, fait nommée au roi, en 1639, d'une maison noble, plus de rentes sur le bourg de Murel.

« Les villages de Laborie abondèrent. Lachapelle-Auzac pourrait avoir été le berceau de la famille plutôt que Souillac. » Note de M. J.-B. Champeval.)

ainsi l'appellent nos *Annales;* mais les actes publics, les imprimés administratifs de l'époque, les minutes des notaires et les copies des huissiers, ainsi que le livre contemporain du chanoine Ducros, l'appellent de Laborie. Ce n'est pas, cependant, que la forme latine de son nom fût inconnue, même de son vivant; les lettrés de l'époque mettaient une certaine coquetterie à latiniser leurs noms et ceux de leurs amis : un billet de M. le curé de Reyrevignes porte en suscription : « A M. Deboria, prieur du Puy, à Figeac. » On trouve, mais rarement, pas une fois sur dix, cette même forme du nom dans les délibérations de nos consuls. On la voit même dans le testament de Mlle J. de Fraust, reproduit au chapitre XVII de ce livre. Quant à lui, il a toujours signé Delaborie en un seul mot, sans parafe : nous, nous l'appellerons de Laborie[1], selon l'orthographe de son acte de naissance[2].

Destiné à une éducation brillante, il fut mis à l'école de bonne heure. Tout enfant il montra un esprit vif, une intelligence pénétrante, un goût passionné pour apprendre. A tout moment, par ses brusques mouvements, ses saillies, ses questions, il amusait son entourage ou excitait l'admiration.

Incapable d'étudier encore, il écoutait volontiers ses maîtres, et il saisissait au vol leurs leçons variées, les retenant avec une étonnante fidélité. Plus tard il s'appropriait de même les leçons qu'il lisait comme en

1. « Il fut frère de M. de Laborie mort doyen de la cour des aides de Montauban, et grand-oncle de M. de Tournier, président à mortier du parlement de Toulouse. » (*Vie de Mlle de Boissy.*)
2. Archives de Martel.

courant, en sorte que ses maîtres le considéraient comme admirablement doué pour l'étude des lettres, des arts libéraux et des sciences les plus nobles.

Il avait, avec le plus grand succès, étudié la grammaire, et il continuait ses études classiques [1].

Les dons brillants dont la nature l'avait enrichi entraînaient un danger qu'il n'évita pas. Loué, vanté, choyé partout, et emporté par cette exubérance de vie du jeune âge qui frémissait en son âme comme une flamme cherchant une issue et un aliment à dévorer, il se laissa aller au bruit, aux jeux, aux fêtes.

Qui ne sait à quelles folies sont entraînés les jeunes gens, même honnêtes, quand ils sont plusieurs ensemble, mal surveillés et qu'ils ont pris les voies de travers? Notre Antoine était l'âme de tous les jeux, le capitaine de la bande joyeuse... Le dirai-je? D'autres ne l'ont pas dit, mais pourquoi ne le dirais-je pas? Il eut maille à partir avec la maréchaussée, et il passa six longs mois dans la maison du roi, comme on disait alors.

Dieu avait voulu, toujours miséricordieux et sage, l'arrêter dans une voie qui n'était pas la sienne. Il l'appelait à de nobles labeurs et il veillait sur lui.

1. « Tout porte à croire qu'il étudia d'abord à Martel et qu'un collège très fréquenté existait de son temps dans cette ville. On peut le déduire de ce fait que le nombre des gradués, à la fin du dix-septième siècle, était de trente, et de cet autre qu'en 1720 les pénitents bleus demandèrent aux consuls la cloche fêlée du collège pour en ajouter le métal à celle qu'ils allaient faire refondre. Vers la fin du dix-huitième siècle, nous avions une école brillante de latinité tenue par M. l'abbé Laplagne. Quelques années avant l'abbé, j'ai vu passer MM. Fournié, Calmel et Castanié, ayant le titre de régents. » (Note de M. Pendary, chanoine.)

C'est pourquoi, loin de se livrer à une irritation sté-
rile et de maudire les lois ou les magistrats qui en
ont la garde ; loin de relever la tête et de proclamer son
innocence ou son droit de vivre selon son bon plaisir ;
loin surtout de s'enfoncer davantage dans le désordre
et l'esprit de licence, comme il arrive trop souvent,
même à ceux qui subissent de justes châtiments, il
s'humilia, il reconnut sa faute et se condamna lui-
même dans le secret de son cœur. Levant les yeux vers
Dieu, le vrai maître et le souverain juge, vers ce Dieu
qu'il avait appris à aimer dans ses jeunes années et
qu'il n'avait jamais oublié même au temps de ses folies,
il lui promit et il se promit à soi-même de ne plus mé-
riter aucun châtiment et de suivre avec persévérance,
pendant le reste de sa vie, la voie du devoir et de la
vertu.

Dès qu'il eut la liberté de reprendre ses études, sortant du milieu où il avait passé ses premières années,
il partit pour Toulouse et demanda une place au collège
des jésuites de cette ville, désireux d'apprendre d'eux
et les secrets de la science et l'art de bien vivre.

Son cœur s'échauffa au contact de ces maîtres, dont
la piété abrite le savoir, tandis que leur savoir éclaire
leur piété. Une noble ardeur s'empara de lui ; il n'eût
pas voulu qu'un autre fût plus parfait, et il n'était jamais en présence d'une belle action ou d'un noble sentiment, parmi ses maîtres ou ses condisciples, qu'il ne
se sentit le désir de les imiter ou de les surpasser.

En même temps il se livrait avec passion à l'étude
des lettres, se disant : « Et moi aussi peut-être un jour
aurai-je à instruire l'enfance. » Il fit en peu de temps de

tels progrès qu'il apparut aux yeux de tous comme un modèle de vertu et un prodige de science.

Méprisant les joies mondaines, il trouvait son plaisir à prolonger ses prières durant la nuit et à entendre dans les églises les prédicateurs qui lui parlaient de Dieu et de sa doctrine sainte. Il avait une grande dévotion envers son ange gardien; il se fit inscrire dans la congrégation de la Sainte-Vierge, et il conjurait tous les jours la Reine du ciel de l'accepter pour son enfant.

Quand il eut terminé ses études de collège, il songea à choisir un état de vie. Il ne délibéra pas longtemps. « Je serai prêtre, se dit-il, et ma vie tout entière sera pour servir Dieu et lui gagner des âmes. »

Sans retard il commença ses études théologiques à l'université de Cahors, et il s'y livra tout entier, comme à Toulouse, à l'étude des lettres.

Quand il subit son examen de doctorat, il dut, selon l'usage de l'époque, répondre sur la *Somme* de saint Thomas et défendre contre ses examinateurs toutes les thèses du Docteur angélique. Tout s'était passé à la grande satisfaction des maîtres de l'université, quand, avec une audace de jeune homme que, jusque dans sa vieillesse, il se reprochait comme une témérité, il leur proposa de prendre la contre-partie et de combattre toutes les thèses qu'il venait de soutenir. Les docteurs se regardèrent et restèrent silencieux, trouvant l'entreprise trop périlleuse pour être encouragée, trop glorieuse pour être interdite. Il parla, et ils l'écoutèrent; puis ils consentirent à diriger cette seconde partie de l'examen comme la première. Il y déploya tant de subtilité dans le raisonnement, tant de prudence dans le choix des expressions, tant d'adresse à côtoyer les abîmes sans jamais y tomber, que les docteurs ne se lassaient pas de l'entendre; et quand il cessa de parler, ils se jetèrent à son cou et lui donnèrent l'accolade, ne le considérant pas comme un jeune homme en quête de sa voie, mais comme un collègue digne de prendre place dans leurs rangs.

Pendant toute sa vie il eut pour saint Thomas un amour qui n'avait d'égal que son respect pour les sentiments de l'Église romaine, auxquels il se conforma toujours, même dans les questions restées libres et douteuses.

CHAPITRE II

M. DE LABORIE EST NOMMÉ PRIEUR DE L'ÉGLISE
DE NOTRE-DAME DU PUY, DE FIGEAC

Devenu prêtre, M. de Laborie s'efforça de reproduire en sa personne l'esprit et la vie des premiers apôtres. Il eût voulu amener par l'exemple et la parole tous les prêtres de son temps à la perfection de la discipline ecclésiastique, pour gagner les âmes plus facilement et plus puissamment[1].

Il était en même temps d'une telle humilité qu'il se considérait comme un pécheur indigne et ne savait s'appeler d'un autre nom.

Il ne s'attacha pas d'abord au service d'une église particulière, mais, prenant dans son zèle les fonctions de missionnaire diocésain, il se mit à prêcher fréquemment et à multiplier les instructions familières et les catéchismes. Il recommandait sans cesse la réception des sacrements, l'amour de Dieu et de sa divine Mère.

---

1. Tout ce qui a été dit des premières années de M. de Laborie et ce qui va être dit des commencements de son ministère a été pris des auteurs ses contemporains, et en particulier des opuscules de M. Sourdès, dont il sera parlé au chapitre VIII.

Pour elle il avait un amour de prédilection et il s'efforçait de la faire partout aimer et honorer.

Partout où il passait, il allumait comme un incendie de foi et d'amour. Il parcourut ainsi un grand nombre de paroisses dans le diocèse. Bientôt appelé de tous côtés, il agrandit sa sphère d'action, pénétra dans plusieurs diocèses, annonçant partout la parole de Dieu, rappelant les grandes vérités, ramenant par sa parole enflammée et sa grande piété les négligents au devoir, les égarés au bercail, pour la plus grande gloire de l'Église et le bien des âmes.

Il parlait admirablement des choses célestes, il pleurait amèrement en pensant à l'égarement des pécheurs et s'offrait comme victime pour eux. Il se complaisait dans la méditation de la passion du Sauveur, et quand il offrait le saint sacrifice de la messe, il parut souvent comme ravi en extase.

Enfin, par sa sainteté et sa science il conquit l'admiration et la vénération des évêques, des prêtres, des religieux, des grands du royaume, dont beaucoup, pour sa gloire, devinrent meilleurs au spectacle de sa vertu.

Son testament[1] nous apprend qu'à cette époque de sa vie, lorsqu'il était à l'âge de trente ans environ, il fut nommé curé de Rattiel (Rassiels probablement), et il dut en prendre possession, puisque, par legs particulier, il donne cent livres à cette paroisse. On ne saurait dire s'il résida ou s'il la posséda par vicaire en commende. Plus tard il fut également prieur de Saint-Affre en même temps que prieur de Notre-Dame du Puy, et,

1. Voir à la fin du chapitre XX.

comme tel, il afferma les fruits décimaux de ce bénéfice moyennant la somme de trois cents livres « et six poinçons de vin bon et marchand [1] ». Enfin il prit encore possession, on ne sait à quelle époque de sa vie, de la cure de Bufeban ou Bousevan, sinon Buffevent [2], sans doute un autre bénéfice pour un de ses prêtres. Il est certain que, même étant déjà curé, il continua sa vie apostolique jusqu'à l'année 1658, au cours de laquelle il prêcha les stations de l'avent et du carème à la cathédrale de Cahors, devant Mgr Alain de Solminihac, alors évêque du diocèse.

Or à ce moment ce saint évêque demandait, par de ferventes et pressantes prières, d'être éclairé sur le choix d'un prieur pour l'importante et difficile paroise de Notre-Dame de Figeac. Il voulait un prêtre riche de zèle, de science et de vertu.

Le fructueux ministère de M. de Laborie dans sa cathédrale fut pour lui une révélation : il comprit qu'il ne trouverait pas prêtre plus digne. Il appela donc l'ardent prédicateur, non sans quelque appréhension; car il redoutait autant son humilité qu'il estimait sa science et sa vertu. Celui-ci fut d'abord surpris et bouleversé; mais, pensant au bien qu'il y avait à faire, il se redressa et accepta de grand cœur ce poste de labeur et de combat.

Le saint évêque, ravi, lui dit devant plusieurs témoins : « Gloire à Dieu soit rendue, vous voilà pris dans vos

1. Papiers de M. J.-B. Champeval.
2. L'orthographe n'est pas la même dans les diverses copies du testament. Aujourd'hui Poustan-Buffevent, église paroissiale encore debout sur le plus haut plateau de Montredon.

propres paroles comme dans un filet ; tirez-vous de là avec honneur ; courez, allez arracher cette ville de Figeac des serres de l'épervier. Dieu m'est témoin que j'ai eu toujours cette ville au cœur, et que nul poste ne me paraît au-dessus de celui-là, sinon ma mitre ou ma charge pastorale. Souvenez-vous surtout là-bas de ceux qui souillent le sacerdoce en foulant aux pieds le droit sacerdotal[1]. »

Quand M. de Laborie partit pour Figeac, en 1658 ou 1659, il avait trente-cinq ans d'âge et dix ans de ministère sacerdotal.

1. *Flosculi.*

CHAPITRE III

Figeac est sur la rive droite du Célé, dans le Quercy, sur les frontières et du Rouergue et de l'Auvergne, assis, à deux cents mètres environ au-dessus du niveau de la mer, sur la plus basse pente des plateaux du Ségala, qui le protègent contre les vents du nord. Il a au midi, sur l'autre côté de son étroite vallée, une petite chaîne de montagnes qui sépare le Célé du Lot et se dirige de l'est à l'ouest jusqu'à ce qu'elle vienne se perdre dans la plaine au confluent des deux rivières, environ trente kilomètres en aval, dans la direction de Cahors.

La ville actuelle de Figeac a été construite en 1373 et années suivantes sur les ruines de l'ancienne, dont les Anglais ou les routiers (*immites et rebelles domino regi*) avaient brûlé la plus grande partie, la laissant de tout point inhabitable[1]. Avant sa destruction, d'après les termes de la charte qui vient d'être citée, la ville était solennelle, riche, belle, remarquable (*solemnis,*

1. Archives de la ville, AA 5.

dives, pulchra, insignis) ; elle ne le fut pas moins après sa reconstruction, si on en juge par ce qui nous reste de ses splendides hôtels, aujourd'hui privés de leurs galeries sculptées du premier étage et découronnés de leurs tours, tourelles et cheminées à minaret. Puisqu'elle va être pendant quarante ans le théâtre du zèle de M. de Laborie, il convient, avant d'aller plus loin, de la montrer au lecteur telle qu'elle est, ou mieux telle qu'elle était il y a deux siècles et demi, vers 1650[1].

Elle est divisée en quatre quartiers d'importance à peu près égale par deux rues qui vont, l'une du sud au nord, l'autre de l'est à l'ouest, et se croisent sensiblement à angle droit au centre de la ville. A l'extrémité de ces rues, quatre portes fortifiées, répondant aux quatre points cardinaux, donnaient passage à travers les remparts découronnés, mais non encore démolis à l'époque où nous remontons.

Au midi était la porte du *Griffoul,* en face du pont antique qui, rebâti depuis, fait communiquer aujourd'hui la ville avec la gare ; au nord, la porte de *Montviguier,* à l'angle nord-ouest de la nouvelle aile du Collège ; à l'est, la porte du *Pin* ou *del Py,* dite aussi *des Tours ;* enfin à l'ouest, la porte d'*Aujou,* primitivement Anjou.

Si on se transporte à la place *Haute,* au centre de la ville, et si de ce point on regarde successivement vers ces quatre portes, on a successivement devant soi quatre rues au lieu de deux. Celle qui va vers la porte du

1. Vieux terriers.

Griffoul s'appelait rue *du Griffoul*, plus tard rue *de la Mairie* (il y a vingt ans à peine, la mairie était dans cette rue, au nord de la rue *des Bonas-Manhias*, aujourd'hui *de Clermont*); de nos jours on l'appelle rue *de l'Ancienne-Mairie* ou rue *Gambetta*. Celle qui va de la place *de la Sibado* ou *de l'Avoine* à la porte du Pin portait et porte encore le nom de rue *du Pin* ou *Droite*, en latin *Directa* (dirigée vers) sans doute, et non *recta* (tirée au cordeau). Celle qui va à la porte de Montviguier s'appelait *grande rue de Montviguier* et rue *de la Payrolerie* (des Chaudronniers); puis elle a pris les noms de rue *des Capucins*, rue *de la Nouvelle-Mairie* et enfin rue *de Colomb*, parce que Mme Delpech, née de Colomb, a fait don à la ville de son hôtel, la nouvelle mairie, sise au sud-ouest de cette rue. Celle qui va à la porte d'Aujou était et est encore la rue *d'Aujou*. Toutefois le commencement de cette rue sur toute la largeur de la place *Basse* ou *du Froment* porte le nom de *Séguier*. L'illustre famille des Séguier habitait, au haut de la place de l'Avoine, la maison qui plus tard fut à M. de Boutaric, à M. Desclaux, et est maintenant à Mme de Boutières.

Parallèlement à la rue Séguier, plus au nord, est la rue qui va de la place Haute à la place *du Verre*, au centre du quartier *de Montferrier* : elle s'appelait rue *de la Boudousquerie* (circ brute). La cinquième maison, au nord de cette rue, fut celle de M. Champollion, libraire, le père des célèbres frères Champollion. Elle appartient aujourd'hui à M. Delbos, également libraire.

Outre les quatre grandes portes dont nous venons de parler, il en existait une cinquième, la porte de

Montferrier, au nord-ouest, en face de la porte du cimetière actuel.

Les protestants entrèrent par cette porte, ouverte par trahison, quand ils prirent la ville en 1576. La tour existe encore, mais convertie en oratoire, avec un autel où la messe est dite de loin en loin, quand les fidèles en témoignent le désir. Les remparts existent encore de ce côté de la ville : la porte est murée, et à l'intérieur les rues qui y conduisaient se perdent dans les jardins.

Il existait encore une sixième porte, au sud-ouest, la porte *Caviale*, à l'extrémité de la rue de ce nom, en face du nouveau tribunal. La porte *Garine*, à proximité et au sud de la porte d'Aujou, n'a jamais été qu'une poterne tolérée en des temps relativement modernes, et non une grande porte.

Les quatre grands quartiers formés par les grandes rues portaient et portent encore les noms de *l'Estang*, au sud-est; *Puy* et *Claux*, au nord-est; *Saint-Thomas*, au nord-ouest, et *Hortabbadial*, au sud-ouest.

Cette division de la ville en quatre quartiers est purement géographique et populaire : la division civile et administrative était tout autre. La ville, à l'intérieur des murs, était distribuée en cinq *gaches* (*gax, a-gax-a*, regarder avec attention, *guetter, guet*), autant que de portes, sauf que la porte d'Aujou et la porte Caviale ne formaient qu'une seule gache.

La gache de Montviguier était comprise dans une ligne qui, partant de la porte de ce nom, suivait la rue de la Payrolerie, descendait à la place Haute, prenait la rue Droite jusqu'à la troisième rue à gauche, par laquelle elle remontait vers le nord, jusqu'au cimetière

de l'église de Notre-Dame du Puy et les murailles de la
ville, par lesquelles on revenait au point de départ. Sur
le plateau culminant de cette gache, à vingt mètres
environ au-dessus de la basse ville, est l'église de Notre-Dame du Puy, et au nord de l'édifice la place *del
Puech*. Au point central fut l'hôtel ou le château construit par le roi Philippe VI pour son viguier, dont la
tour d'angle existe encore, appartenant à Mme de Boutières. La plus haute rue transversale, à l'est du quartier, aujourd'hui interceptée, traversait alors les jardins
des maisons Salgues et Delpon et conduisait à la porte
méridionale du cimetière, aujourd'hui le petit escalier
des Terrasses. Une rue parallèle à la rue de la Payrolerie traversait les jardins des maisons Palhasse, Del-
claux, Bécays, et portait le nom de rue *des Mazieyres*.
Les capucins occupaient la partie nord-ouest de ce
quartier.

La gache de Montfarrier ou Montferrier était comprise dans une ligne qui, partant de la porte de ce nom,
suivait les remparts, vers le sud, jusqu'à la porte d'Aujou, remontait la rue de ce nom jusqu'à la place Haute,
puis la rue de la Payrolerie jusqu'à la porte de Montviguier, et enfin par les murailles revenait au point de
départ. A l'ouest de cette gache, au point le plus élevé
du monticule, était le couvent de Sainte-Claire, et à côté
du couvent, plus au midi, l'église de la paroisse de
Saint-Thomas, avec la maison et le jardin occupés par
le curé.

La gache d'Aujou ou d'Hortabbadial était délimitée
par une ligne qui, partant de la porte d'Aujou, descendait à la porte Caviale, remontait en suivant les mu

railles vers la porte du Griffoul jusqu'à la rue qui la
précédait, la rue *des Dominicains*, tournait vers le nord
par cette rue, puis vers l'est par une ruelle parallèle
aux remparts, contournant ainsi la maison de M. Viguié
d'Auglanat, aujourd'hui café Central, jusqu'à la rue
des Balènes, derrière le château, suivait cette rue vers
le nord, puis la rue d'Hortabbadial vers l'ouest, puis
une ruelle vers le nord, parallèle à la rue du Griffoul,
qui, traversant la cour et le grand corps de logis de la
Miséricorde actuelle, arrivait à la place Basse, à la rue
d'Aujou, et par cette dernière revenait au point de départ. Au centre de ce quartier se trouvent aujourd'hui
l'hôtel de la sous-préfecture et une partie de la Miséricorde.

La gache du Griffoul ne porte pas ce nom dans les
terriers ; elle comprend trois quartiers qui y sont
nommés et décrits séparément : *Bénagut*, *Tomfort*
et *l'Estang*.

Partez de la porte du Griffoul, remontez la rue de
ce nom jusqu'à la place Basse, allez jusqu'à la limite
de la gache d'Aujou et suivez le pourtour de cette
gache à travers la Miséricorde, par la rue Hortabbadial, la rue des Balènes, la rue des Dominicains, et
remontez par les murs de la ville jusqu'à la porte du
Griffoul, vous aurez fait le tour de Bénagut. Ce quartier contient le château des Balènes, propriété de l'État,
prisons actuelles de la ville.

Partez de la porte du Griffoul, remontez la rue de ce
nom jusqu'à la place Basse et la place Haute, prenez
la rue Droite jusqu'à la première rue à droite, descendez cette rue, qui va vers le Chapitre, jusqu'à la place

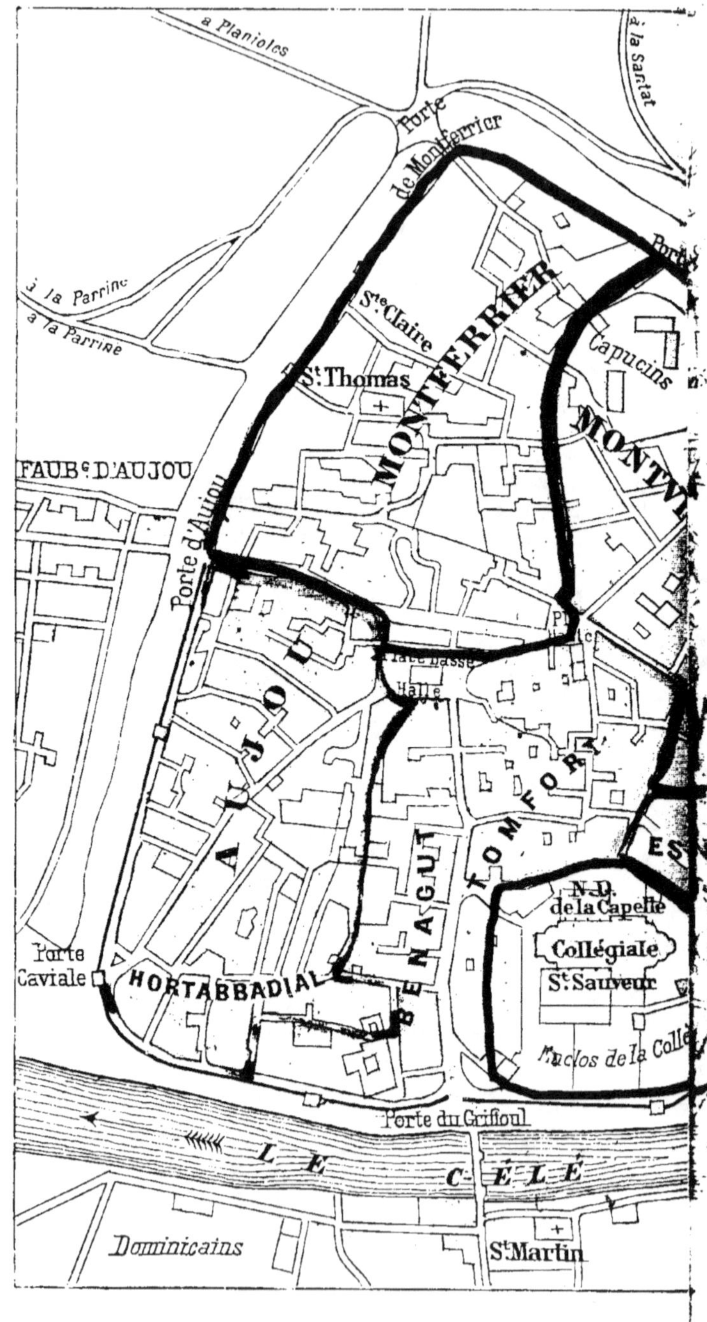

à Planioles
à la Sartat
Porte de Montferrier
Porte
à la Parrine
à la Parrine
Ste Claire
St Thomas
MONTFERRIER
Capucins
MONT
FAUBg D'AUJOU
Porte d'Aujou
AUJOU
Place Basse
Halle
MONFORT
BENAGUT
N.D. de la Capelle
Collégiale
St Sauveur
ESt
Porte Caviale
HORTABBADIAL
Maclos de la Collé
Porte du Griffoul
LE CÉLÉ
Dominicains
St Martin

FIGEAC
en 1650
SES GACHES
Ech . 1 ; 5000
a la Capelette
LE CLAUX
LA GACHE
FAUB DU PIN
Canal
Augustins
LE CÉLÉ

Saint-Sauveur au nord de l'église, tournez à l'ouest
par la rue qui du nord de cette place va vers la rue
du Griffoul et, avant d'arriver à cette rue, descendez
parallèlement à l'est des maisons qui ont leur porte
sur cette même rue du Griffoul jusqu'à la porte du
Griffoul, vous aurez fait le tour du quartier de Tomfort.
Au nord de ce quartier est la maison consulaire, près
de la place Haute, dans la rue dite *du Consulat*. A
l'angle sud-est de la place Haute sont la halle des
châtaignes et, plus au midi, le *Mazel*, la halle de la bou-
cherie, où nombre de bourgeois, même non bouchers,
possèdent des tables.

Le quartier de l'Estang est délimité par l'étang à
l'est, la rue *Plancat* au nord, la rue qui du Puy descend au Chapitre à l'ouest, enfin par la clôture du
Monastère au midi. Au centre de ce quartier ont été
longtemps les écuries de la maréchaussée, aujourd'hui
les écuries de Mme Laborie.

Le Monastère, étant clôturé et adossé aux murs, n'é-
tait compris dans aucune gache ni dans aucun quartier :
il appartient aujourd'hui au quartier de l'Estang. Voici
le parcours de sa clôture. De la porte du Griffoul elle
va vers l'est, laissant le chemin de ronde entre elle
et les murs de la ville. Arrivée aux moulins, elle remonte vers le nord, se tenant à quelque distance de la
rive droite de l'étang. A quelques pas au-dessus des
moulins se trouvait une porte, la *porte de l'Estang*,
dans l'axe de la rue actuelle qui de ce point va vers la
place méridionale du Chapitre, dite *place de la Raison*.
Au delà de la porte, la clôture reprenait sa marche
vers le nord, puis vers l'ouest, parallèlement à la rue

qui de l'étang va au Mazel, au midi des maisons qui
ont leur entrée sur cette rue, jusqu'à la rue qui descend
du Puy ; elle suivait la rue transversale qui va vers
l'ouest parallèlement à la façade nord de l'église, et
son retour vers le midi jusqu'à la rue qui de la grande
porte de la Collégiale va à la rue du Griffoul. Là, inter-
ceptant la rue dont nous venons de parler, était une
seconde porte, la grande porte d'entrée, le grand
portail du Monastère ; puis la clôture redescendait
parallèlement à la rue du Griffoul, à l'est des maisons
qui ont leur entrée sur cette rue jusqu'au point de
départ.

Au centre de cet enclos est l'église Saint-Sauveur,
avec son portail, son chevet, ses bras de croix de style
roman, tandis que les parties hautes de la nef et du
chœur furent reconstruites au quatorzième siècle en
style gothique. Au bras de croix méridional fait suite
la chapelle de Notre-Dame-de-Pitié, ancienne salle
capitulaire, dit-on, au-dessus de laquelle fut d'abord
la demeure de l'abbé, puis celle du doyen, et est aujourd'hui le presbytère.

Le long de la nef et de Notre-Dame-de-Pitié sont les
cloîtres, fermés au midi par une construction qui de
l'angle sud-ouest de Notre-Dame-de-Pitié revient vers
l'ouest parallèlement à la nef de l'église, et à l'ouest
par une seconde clôture. La construction du midi est
occupée par les celliers du Monastère et autres dépendances.

Entre cette construction et la grande clôture, allant
de l'ouest à l'est, étaient le jardin du doyen, devant
le café Suisse d'aujourd'hui, puis le jardin de l'abbé,

une maison (maison Theillard) dont la destination a souvent varié, et enfin le jardin de l'abbaye, jardin de M. Sirieys aujourd'hui.

Derrière le chevet de l'église, au nord de la porte de l'Estang, étaient d'abord l'infirmerie, puis la basse-cour ou cour commune, l'ouvroir, la maîtrise et la maison du chantre, avant qu'il se fût transporté à l'ouest de l'enclos.

Au nord de l'église, place actuelle Saint-Sauveur, était Notre-Dame de la Capelle, église paroissiale adossée à la grande église, ayant sa porte à l'ouest, son cimetière au nord et à l'est, et plus à l'est la maison presbytérale avec son jardin, maison Mages.

Enfin à l'ouest, au nord du grand portail, étaient des maisons accensées, les maisons de M. Moles ; au midi du portail, l'hôpital du monastère dédié à Saint-Nazaire, maison Amadieu-Estève ; puis la maison du chantre, sur les derniers temps maison de M. Malrieu, juge ; et la maison du doyen (café Suisse), avant qu'il se fût transporté au-dessus de Notre-Dame-de-Pitié.

La gache du Pin se compose de deux quartiers séparés par la rue Droite : la *Gache* proprement dite au midi, et le *Claux* au nord. La ligne qui l'enserre est celle-ci : porte du Pin, murs de la ville en remontant au nord, et retour vers l'ouest jusqu'au cimetière du Puy, la première rue qui descend perpendiculairement à la rue Droite, cette rue en allant vers l'ouest, la rue qui descend de l'église du Puy (rue Tomfort) jusqu'à la rue Plancat à gauche, la rue Plancat jusqu'au pont de planches à la naissance de l'étang, l'étang, les moulins et maisons attenantes, les murs de la ville

jusqu'à la porte du Pin. Au haut du Claux furent établies les *Écoles chrétiennes* de filles, au lieu dit aujour-
d'hui les Mirepoises. Au centre de la gache, les frères
des Écoles chrétiennes ont tenu pendant ces derniers
temps une école de garçons très fréquentée.

Trois faubourgs étaient assis devant trois des principales portes : le faubourg du Pin et le faubourg
d'Aujou devant leurs portes respectives, le faubourg
du Griffoul, ou de Saint-Martin, devant la porte du
Griffoul, mais au delà du pont, sur la rive gauche du
Célé.

Presque au haut du faubourg du Pin était le couvent
des RR. PP. augustins, entre les deux Célés, aujour-
d'hui maisons et jardins de M. Latapie de Bolaguier et
de M. Miret, directeur de l'établissement de Leyme. La
ville faisait à leur chapelle la procession de l'Assomp-
tion, qui se fait aujourd'hui à l'église du Puy.

Au fond du faubourg d'Aujou était le couvent des
RR. PP. carmes, aujourd'hui la gendarmerie de la ville.
On célébrait dans leur église, avec grande pompe et
grand concours de peuple, non seulement de la ville,
mais de toute la contrée, l'octave de la fête de Notre-
Dame du mont Carmel. L'hôpital Saint-Jacques est au
centre du même faubourg.

A l'entrée du faubourg Saint-Martin était l'église
paroissiale de ce nom, entourée de son cimetière, maisons Dupuy, Albe, Calmel et Laparra. Au sud-est de ce
quartier était le couvent des bénédictines de Londieu,
et à l'ouest le couvent des dominicains, aujourd'hui
couvent des carmélites.

Un quatrième faubourg, en avant de la porte Caviale,

ne se composait, en 1650, que d'une ou deux maisons et du couvent des cordeliers, en face du pont du Gua. Il a pris aujourd'hui une importance considérable.

Un cinquième, qui n'existait pas autrefois, se forme en ce moment en avant de la porte de Montvignier, sur la route de Notre-Dame de la Capelette, autrefois Notre-Dame de Lapergue, petit oratoire champêtre à un kilomètre environ au nord de la ville[1].

Plus tard le mot *gache* est devenu synonyme de quartier; c'est pourquoi on trouve dans certains papiers : la gache de Bénagut, la gache de Tomfort.

1. Ce qui vient d'être dit des gaches et des faubourgs a été trouvé dans les vieux terriers ; ce qui concerne le Monastère a été pris en grande partie d'un vieux plan à main levée, qui reste dans les papiers appartenant à l'auteur.

CHAPITRE IV

Le territoire de Figeac comprenait six paroisses. Deux églises paroissiales étaient à l'intérieur des murs, Notre-Dame du Puy et Notre-Dame de la Capelle ; deux dans les faubourgs, Saint-Martin et Saint-Thomas[1] ; deux dans la banlieue, Saint-Georges et Saint-Dau.

Notre-Dame du Puy était la grande paroisse. Elle prenait toute la ville, à l'exception de la part faite à Notre-Dame de la Capelle, ou simplement la Capelle. En donnant les limites de cette dernière paroisse, nous donnerons également celles de Notre-Dame du Puy. Or, ces limites les voici : murs de la ville depuis

---

1. La paroisse Saint-Thomas avait primitivement son église où de nouveau elle l'a aujourd'hui, à l'extrémité du faubourg d'Aujou. L'ayant cédée aux RR. PP. carmes, elle en construisit une autre au centre de la gache de Montferrier, sans modifier en rien les limites de la paroisse, qui ne comprenait que le faubourg d'Aujou et quelques villages. L'église construite à l'intérieur des murs resta isolée. Les paroissiens y aboutissaient par la petite porte ouverte au Calvaire dans les remparts, où on peut la voir encore, ou bien par des rues, aujourd'hui fermées, qui montaient assez directement de la rue d'Aujou vers l'église. Cet édifice ayant disparu, le nom de Saint-Thomas ne devrait plus être donné au quartier : c'est Montferrier qu'il faudrait dire.

la porte Caviale jusqu'à celle du Griffoul ; la clôture du
Monastère en le contournant par l'ouest, le nord et
l'est ; les murs de la ville pour englober les moulins ;
la rive gauche de l'étang ; le petit pont de bois ; la
rue Plancat jusqu'à la rue qui descend du Puy ; cette
rue vers le sud jusqu'à la rue des Bonas-Manhias ; cette
dernière jusqu'à la rue du Griffoul ; la rue du Griffoul
en remontant vers la place Basse ; une rue sous voûte
vers l'ouest, au midi des maisons qui ont leur entrée
sur la place ; une ruelle parallèle à la rue Caviale, à
l'est des maisons qui ont leur porte sur cette rue ;
la rue *Viguerie*, qui fait suite jusqu'à la grande rue
d'Hortabbadial ; cette dernière et la rue Caviale jusqu'au
point de départ. Tout ce qui est en dehors de cette ligne
et du Monastère à l'intérieur des murs est au Puy,
c'est-à-dire toute la gache de Montviguier ; toute la
gache du Pin, à l'exception des moulins ; toute la gache de Montferrier ; moitié et plus de la gache d'Aujou ;
une pointe du quartier de Bénagut et les deux tiers du
quartier de Tomfort.

A la campagne, la paroisse du Puy, partant de la
porte du Pin, possédait le faubourg de ce nom sur la
rive droite du Célé, passait sur la rive gauche au pont
du Pin, montait au chemin de Capdenac et le suivait
jusqu'au point le plus élevé de la montagne ; de là,
tournant à l'est jusqu'à Ravanel et la Pierre-Levée,
elle suivait toujours les limites de la commune jusqu'à
la côte de Seyrignac et jusqu'au Célé, puis, traversant le
Célé, jusqu'à la Déganie, la Balatie, Hauteval, Combe-
cave, Laspeyronies, la Vitaterne, et revenait de là vers
la ville, laissant la Parrine au midi ainsi que le couvent

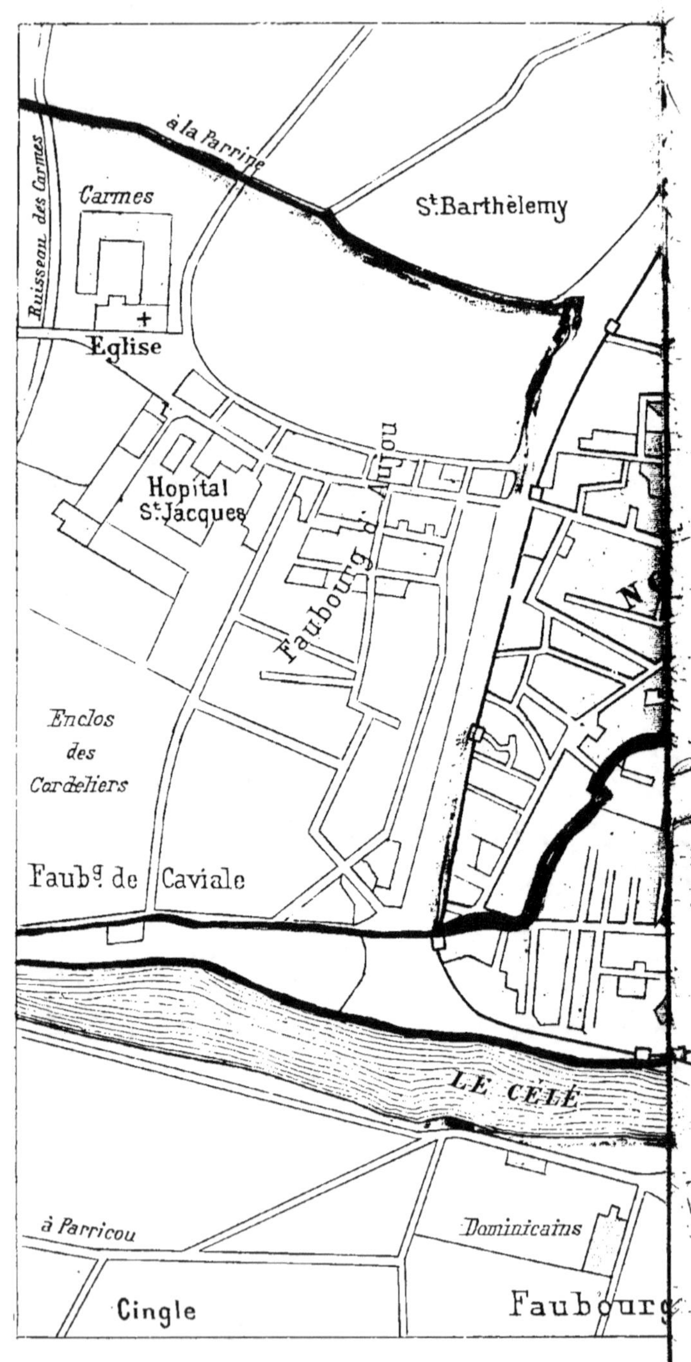

Ruisseau des Carmes
à la Parrine
Carmes
St. Barthélemy
Église
Hopital St. Jacques
Faubourg d'Antou
Enclos des Cordeliers
Faubg de Caviale
LE CÉLÉ
à Parricou
Dominicains
Cingle
Faubourg

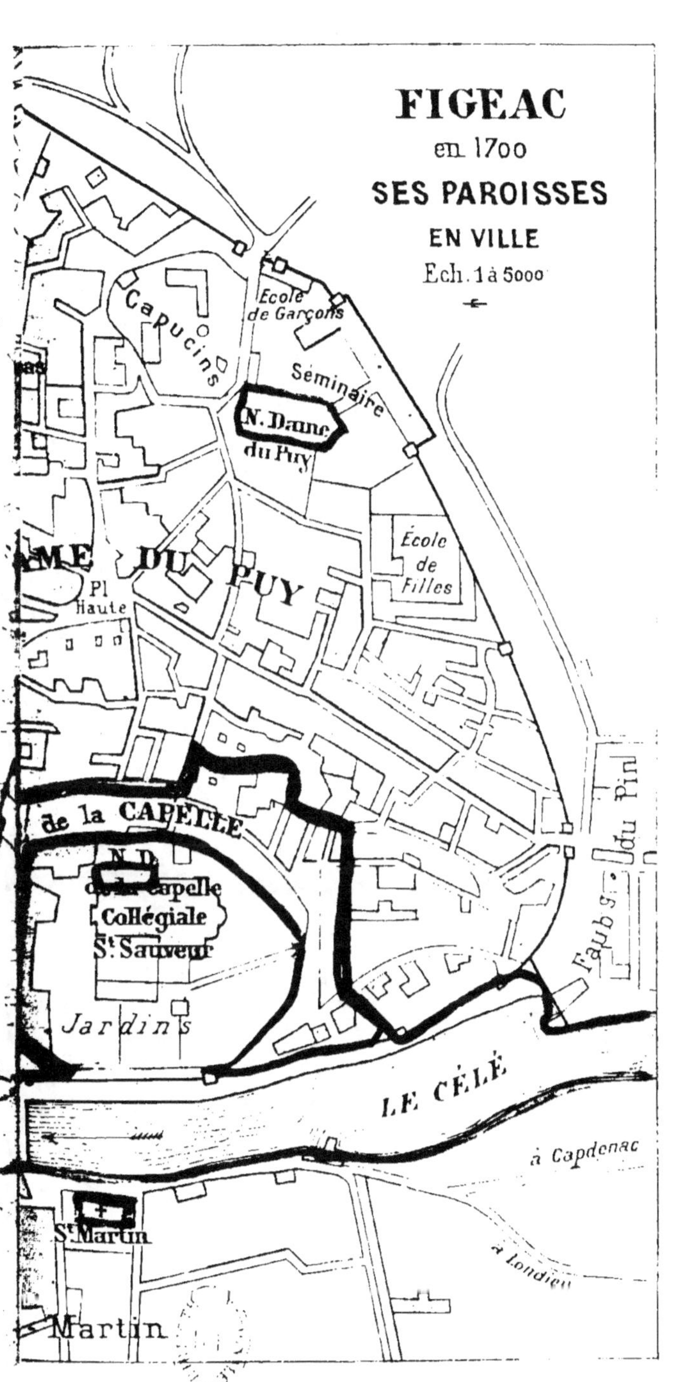

FIGEAC
en 1700
SES PAROISSES
EN VILLE
Ech. 1 à 5000
Capucins
École de Garçons
Séminaire
N. Dame du Puy
École de Filles
...ME DU PUY
Pl Haute
de la CAPELLE
N. D. de la Capelle
Collégiale
St Sauveur
Jardins
Faubg. du Pin
LE CÉLÉ
à Capdenac
à Londieu
St Martin
Martin

des carmes et tout le faubourg d'Aujou. Elle englobait
dans ses limites, outre les villages qui viennent d'être
nommés : Lavayssière, à l'est du chemin de Capdenac ;
Concha, Poutisse, Roussilhe, Surgier, le Terrier, Marsal, Metge, Gameau, le Riou-des-Fades, Fages, Pataclan, Esquine-d'Aze, Bournazel, le Cayrol, le Grial,
Barbiac, Laurençou, Panafé, la Santat, Prentegarde,
la Laute, Vidaillac, Batailler, la Curie, les Crêtes,
Merle, Pech-du-Cayla, Buffanioux, Lagrave.

La paroisse de Notre-Dame de la Capelle, passant
par le pont du Gua, allait prendre sur la rive gauche du
Célé les villages de Londieu, Gourdit, Beures, la Morne,
Balajou, Filsac, les Caselles, Mas-de-Révcl, une partie
de la Cassagnolle, le Pourtal, Cantocoucut, Estadieu
et Cabanous.

La paroisse Saint-Thomas, malgré la situation de
son église, était tout entière hors des murs et se composait uniquement du faubourg d'Aujou, des Miates,
de la Parrine et de Nayrac.

La paroisse Saint-Martin avait le faubourg de ce
nom et le moulin du Griffoul, la Vayssière à l'ouest du
chemin de Capdenac, Tombebio, Ambiane, les Tré-
mouls, Fumat, Lascombes, Laviste, Combedaurat,
l'Aiguille, Herbemol, Sirus, Tabarly, les Trégous,
Montagnac, Triguedina, la Dausse, la Tournègre, le
Coustal-des-Causses, le Causse, Bassignac, une partie
de la Cassagnolle, Malaret, Étampes, la Font, la Côte
des Cazals, les Rioulasses, les Astrégous, le Cingle, la
Toulzane, les Condamines, Sainte-Claire et le pont
du Gua, rive gauche.

Saint-Georges, dans la vallée, rive droite, avec l'annexe de Saint-Denys, sur le territoire de Lissac, possédait sur le territoire de Figeac la Ferroneyrie, la Roubertie, Soubaret, Carlucet, le Puech-Bas et le Causse-de-Nayrac jusque près de la Parrine.

Enfin Saint-Dau possédait le village de ce nom et, sur la rive gauche de la rivière, Merlanson, Castelet, Cavagnac, les Junies, la Jacmar ; sur la rive droite, le château de Cugnac, Saint-Cirgues, le Moulinat, Longuet, la Viguerie ou Vilhairie, une partie du Mas-del-Sol, une partie de la Badie, le Cayré et le terroir de Soularet.

Saint-Denys de Lissac prenait sur notre territoire les Combelles, une partie de la Badie et du Mas-del-Sol, les Calmettes et une partie de la Vitaterne.

Laissant de côté les deux dernières paroisses, qui n'intéressent pas directement la ville, voici l'importance des quatre autres.

Vers 1670, la moyenne des naissances était de 186 dans l'année : 130 appartenaient au Puy, 56 aux trois autres réunies, à savoir : 29 à la Capelle, 15 à Saint-Martin et 12 à Saint-Thomas. La moyenne des décès était de 156, dont 106 appartenaient au Puy, 50 aux trois autres, à savoir : à la Capelle, 28 ; à Saint-Martin, 12 ; à Saint-Thomas, 10. Sur 38 mariages, le Puy en faisait 30, la Capelle 4, Saint-Martin 2, Saint-Thomas 2.

Il résulte de ces chiffres que la paroisse du Puy avait les sept dixièmes de la population, c'est-à-dire qu'elle était deux fois et un tiers plus populeuse que les trois autres réunies, sept fois plus considérable que chacune d'elles, en moyenne.

On lit dans le pouillé de M. Longnon : « Avant 1526,

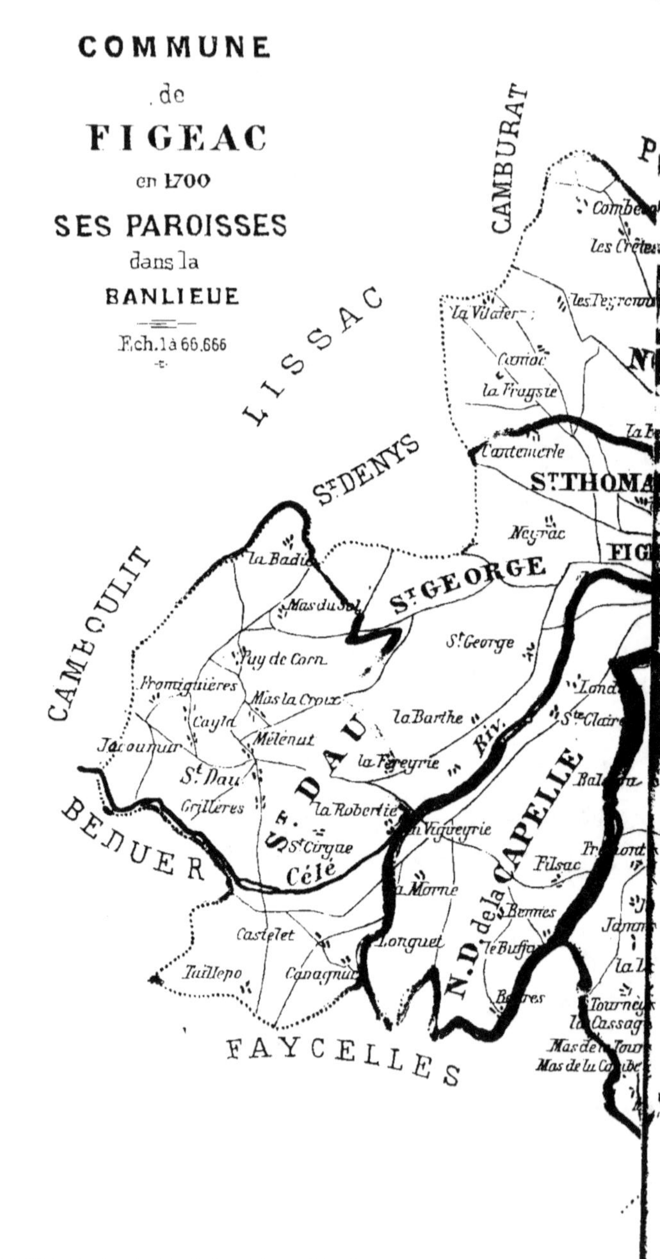

COMMUNE
de
FIGEAC
en 1700
SES PAROISSES
dans la
BANLIEUE
Ech. 1 à 66.666
CAMBURAT
LISSAC
St DENYS
CAMBOULIT
BENUER
FAYCELLES
St GEORGE
St PAU
N.D. de la CAPELLE
Célé
St THOMAS
FIG
Combe
Les Crêtes
Les Teyrou
La Vilafer
Caniac
la Fragste
La B
Cantemerle
Neyrac
la Badie
Mas du Sol
Puy de Corn
Frontiguières
Mas la Croix
Cayld
Mélénut
Jacoumur
St Dau
St George
la Barthe
la Pereyrie
Riv
St Cirgue
la Robertie
Vigneyrie
Grilleres
la Morne
Castelet
Longuet
Canagnur
Tuillepo
le Buffa
Bennes
Longd
Ste Claire
Bala
Filsac
Pr ord
Bor res
Janin
la D
Tourney
la Cassag
Mas de Tour
Mas de la Combe

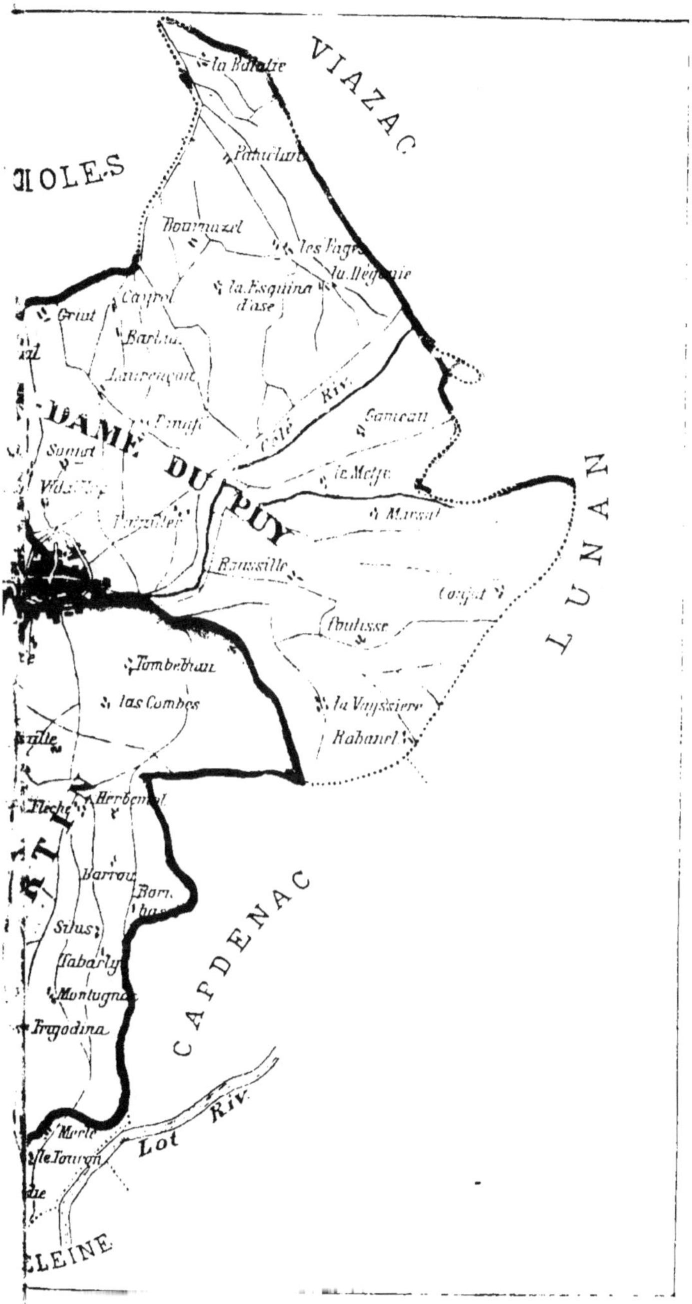

VIAZAC
OLES
la Bdlatie
Boumazel
les Fages
la Esquina d'ase
Caylol
Grial
Barlia
Laurençou
DAME DU PUY
Samat
Célé Riv.
Gaceau
le Metje
Marsal
Rausille
LUNAN
Cozjat
Poulisse
Tombebuau
las Combes
la Vaysiere
Rabanel
Flèche
Herbemol
Barrou
Sirus
Tabarly
Montugna
Frugodina
CAPDENAC
Lot Riv.
Merle
le Touron
LEINE

on trouve quatorze archiprêtrés ou doyennés au dio-
cèse de Cahors. Celui de Figeac est nommé en 1298. »
Les trois archiprêtrés de Figeac, Cajarc et Saint-Cyr-
Lapopie formaient l'archidiaconé de Figeac.

Archiprêtré de Figeac : *Beatæ Mariæ de Podio, cum
annexa rectoria sancti Petri de Moliéras* (Notre-Dame-
du-Puy, avec l'annexe curiale de Saint-Pierre de Molières). Molières n'était pas une localité de la banlieue
de Figeac, mais la paroisse bien connue du canton de
Lacapelle-Marival. Cette paroisse possédait alors dans
son territoire Leyme et son couvent de religieuses de
Cîteaux. Le prieur du Puy, étant curé de Molières, avait
une certaine juridiction sur le couvent.

Quant au curé de Molières, il avait à Figeac, dans
les cérémonies publiques, la seconde étole, c'est-à-dire
le pas sur tous les autres curés de la ville, immédiatement après le prieur du Puy[1].

---

1. Les détails qu'on vient de lire, sur les paroisses de Figeac
au dix-septième siècle, sont pris des vieux terriers, et plus encore des minutes des notaires, qui n'oubliaient jamais, à cette
époque, de donner le village et la paroisse de leurs clients.

CHAPITRE V

Les protestants, maîtres de la ville de 1576 à 1622,
avaient ruiné ou brûlé tous les couvents et toutes les
églises, à l'exception de celle du Puy, qu'ils avaient
conservée pour leur usage et fortifiée. A leur départ,
tout était encore en ruines, sauf que les petites églises
avaient été restaurées d'urgence et à peu de frais et
que le culte catholique y avait été rétabli depuis l'accord intervenu entre les partis, en 1590.

Par malheur, l'église du Puy fut elle-même démolie,
non par les protestants, mais par les catholiques eux-
mêmes, venus de quatre ou cinq lieues à la ronde, munis
de pioches pour démolir la citadelle. Quand de celle-ci
il ne resta plus pierre sur pierre, dans le feu de l'action ce peuple d'ouvriers se demandaient ce qu'ils
pourraient bien démolir encore, et, voyant que l'église
était fortifiée et crénelée du côté de la ville, ils se
précipitèrent sur elle en grand nombre, et en peu de
temps jetèrent à bas les fortifications, le clocher, les
voûtes et les murailles, au midi, depuis le bras de

croix jusque près du clocher. Les habitants intervin-
rent et protestèrent contre cette démolition insensée.
Il n'était que temps.

Tous les historiens de Figeac, faisant écho l'un à
l'autre, affirment que l'église fut détruite de fond en
comble, les premiers par exagération de langage, les
derniers par conviction sans doute : c'est une erreur
que le seul aspect de l'édifice rend absolument évidente.

Il fut facile de couvrir provisoirement le chœur et
une partie de la nef et de fermer la brèche de planches,
au sud-ouest, pour rendre cette église apte au culte.
Telle elle devait être encore à l'arrivée de M. de Laborie.

Il semble même, à la lecture des registres de catholicité de cette époque, que le culte ne fut sérieusement
rétabli au Puy que vers 1640. Jusque-là on trouve au
bas des actes la signature de M. Caminade, « pour le
prieur absent », ou « faisant fonctions de prieur ». Le
premier prieur qui ait signé au registre, après la dé-
faite des protestants, est M. Vilhès, en 1635. La Capelle, Saint-Thomas, Saint-Martin, n'ont pas de registres avant cette époque : il semble que le Puy tient les
registres pour toute la ville et fait ses offices dans
toutes les églises excepté dans la sienne[1].

On lit à chaque page des locutions comme celle-ci :
« Et fut enseveli dans l'*église où on fait,* dans la *chapelle où nous faisons à présent l'office...* » Où faisait-on

---

[1]. Les registres de catholicité de cette époque font partie des
Archives de la ville.

l'office ?... En même temps rien n'est plus varié que le lieu de la sépulture. C'est dans l'église du Puy, dans le grand chœur de l'église du Puy, dans le cimetière de ceux de la ville ou dans celui des étrangers, dans le cimetière bas, dans l'enclos de l'église du Puy ; dans l'église du Chapitre, dans le chœur, devant le portail, dans l'enclos du Chapitre, dans la chapelle de Notre-Dame-de-Piété ou autres ; dans l'église, l'enclos, le chœur de l'église des pères augustins, des pères carmes, des pères cordeliers ; dans le cloître des frères mineurs ; dans l'église ou le cimetière de la Capelle très souvent ; dans l'église, le cimetière, l'enclos de l'église de Saint-Thomas ; jamais dans l'église de Saint-Martin : une fois seulement un dominicain devant le grand autel de son église.

Et toutes ces sépultures sont inscrites au registre du Puy et faites par les prêtres du Puy. On trouve même quelquefois, mais rarement : « Dans l'église de la Capelle, *de notre paroisse;* dans l'église de Saint-Sauveur, *de notre paroisse.* » Faudrait-il conclure de cette locution que lorsque l'église du Puy était au pouvoir des protestants, l'église de Notre-Dame de la Capelle avait été attribuée au clergé du Puy, par provision, en attendant des temps meilleurs ? Le nombre très considérable de sépultures faites dans cette église ou dans ses dépendances donne à cette hypothèse une probabilité nouvelle.

Même sous les protestants nous trouvons des prieurs du Puy : Gui Bardolin en 1599, Pierre Teuly en 1615. Et ils n'avaient pas d'église : ils avaient cependant une paroisse, car un gros registre contenant les baptêmes,

les mariages et les décès de 1600 à 1614 figure parmi
les registres de catholicité de l'église de Notre-Dame
du Puy, dans l'inventaire fait en 1775, à l'occasion de
la mort de M. Molinié, prieur, et de l'annexion de la
Miséricorde à l'Hospice[1].

Vers 1650, tout rentre dans l'ordre : chaque église a
son registre de catholicité, et chaque recteur ou curé
fait ses sépultures dans son église et dans son cimetière.

De même que l'église de Notre-Dame du Puy, la
collégiale Saint-Sauveur avait été restaurée et rétablie,
non à grands frais et telle qu'on la voit aujourd'hui,
sauf le dôme, comme on le lit dans nos *Annales*, mais
partiellement seulement. « On mit la main à l'œuvre,
dit le chanoine Ducros, qui vivait de ce temps-là, mais
on se contenta d'en remettre la troisième partie, »
c'est-à-dire de recouvrir et de restaurer le chevet et le
chœur.

On lit dans le procès-verbal d'une réunion consulaire
du 7 octobre 1625[2] : « Attendu qu'il y a danger, si on
fait les voûtes des arcades, construites suivant les pré-
cédents prix faits, sans auparavant bâtir et monter la
muraille, que les piliers nouvellement faits ne s'écrou-
lent, et parce que l'on est près de traiter avec Lostanges et passer avec lui un nouveau contrat pour continuer ladite réparation... savoir est, d'une muraille
par-dessus lesdits piliers et arcades nouvellement faits,
jusqu'à la hauteur de la vieille muraille qui est encore

1. Papiers de M. Champeval.
2. Archives de la ville.

debout du côté du midi et à juste niveau d'icelle, à laquelle il y a voûte oblique de sept fenêtres égales en largeur à celles qui sont dudit côté du midi et à pareille hauteur, et de commencer le bas d'icelles à la hauteur voulue pour appliquer au-dessous l'appentis ou couvert qui doit être mis sur les voûtes... et où on continuera les colonnes voulues à l'égal de la hauteur de celles qui sont audit côté du midi et y mettra les chapiteaux équipollant les murs, sans toutefois faire autre naissance de grandes voûtes... »

Ce mur destiné à consolider par son poids des piliers récemment construits et surmontés d'arcades sur lesquelles doivent être appuyées des voûtes basses non encore construites, quel est-il?... Il doit être percé de sept fenêtres géminées et être orné de grandes colonnes qui un jour supporteront les hautes voûtes ; mais ces hautes voûtes ne seront pas construites, puisque les naissances des arceaux n'entrent pas dans le projet actuel. Le mur de la nef au nord a sept fenêtres, le mur en demi-cylindre du chœur en a également sept.

Si on remarque que l'église ne fut qu'au tiers relevée, que les fenêtres du projet ont des voûtes obliques, que le nom d'arcades convient surtout aux arceaux qui contournent le chœur, il devient évident qu'il s'agit ici de reconstruire les hautes murailles du chœur avec leurs fenêtres et leurs colonnes. Le chœur fut donc relevé non voûté, la nef resta en ruines, la muraille du midi étant debout, non celle du nord. C'est ce qui permettra à M. Sourdès, en 1710, d'écrire dans le *Flosculi,* au moment de la restauration de la nef : *Templum hoc a primis vel prioribus fundamentis extruc-*

tum jam erigitur, perficitur et exornatur (ce temple, repris dès ses premiers fondements ou de ceux de sa précédente reconstruction, s'élève, se finit et s'embellit[1]).

Les religieux étaient rentrés dans leurs couvents; ils s'étaient mis à l'abri dans leurs cellules, et peu à peu, péniblement et pauvrement, ils relevaient le reste des ruines de leurs monastères, mais dans des proportions tristement diminuées.

L'église des dominicains, qui avait soixante mètres de longueur, et celle des cordeliers, qui en avait cinquante, et chacune d'elles treize de largeur, ne seront plus que de petites chapelles ; et même la première n'était pas encore relevée en 1680. L'église des carmes, qui avait quarante-sept mètres de longueur et n'en a plus que trente-trois, perdit alors un prolongement de la nef qui allait jusqu'au ruisseau[2].

Les capucins s'étaient établis au Puy en 1623, et les clarisses au Montferrier en 1625 ; mais leurs couvents exigus et pauvres rappellent le malheur de ces temps où tout était à refaire dans un pays ruiné par la guerre et les exactions.

La petite chapelle des capucins, dédiée à saint Roch,

---

1. Le mur du midi non démoli a gardé son *triforium :* les chanoines de 1710 trouvèrent trop coûteux de donner cet ornement au mur du nord. Ceux de 1622 l'avaient d'ailleurs également supprimé autour du chœur.

2. Le chœur des moines occupait la moitié de l'église actuelle ; en avant du chœur était le sanctuaire, avec son maître-autel pour les fidèles ; les chapelles à droite et à gauche du tambour d'aujourd'hui servaient de bras de croix : c'est la nef livrée aux fidèles qui a disparu.

existe encore, cave et cuisine de la maison des servantes. On retrouverait leurs cellules dans les maisons à côté. Leur jardin s'étendait jusqu'à la place du Puech, rue actuelle du Puy, et leur clôture suivait la rue de la Payrolerie en descendant et remontait le long de la rue qui revient à la porte de l'église du Puy : ils n'avaient pas de voisins.

Quant aux clarisses, elles n'avaient que le grand corps de logis actuel de la Sainte-Famille, desservi par l'escalier de pierre, sans cour ni jardin. Leur entrée était au nord, dans une rue dont il ne reste qu'une amorce, qui, partant de la rue dite de Sainte-Claire, montait à l'église Saint-Thomas et aux remparts. Plus tard, en 1686, elles demandèrent à la ville le cimetière des protestants, où on n'enterrait plus, au delà de la rue, et enfin, en 1699, elles obtinrent de fermer la rue, sauf avis contraire de Mgr l'intendant en résidence à Montauban, depuis l'angle de leur parloir jusqu'à l'angle supérieur du cimetière transformé en jardin, « afin de faire entrer ledit jardin dans leur clôture et avoir ainsi un lieu tranquille où elles pussent respirer à leur aise et se récréer selon les règles de leur ordre[1] ».

Avant que les protestants fussent les maîtres de la ville, l'instruction se donnait dans les couvents ; mais quand les religieux furent dispersés, force fut bien de fonder des écoles laïques. Il y eut d'abord un maître d'école, puis quatre régents, dont les classes formèrent ce qu'on appela le *collège de la ville*. Les régents ne

---

1. Termes de la supplique. Registre des délibérations consulaires.

se contentaient pas de faire l'école, ils donnaient de loin en loin des conférences publiques, pour chacune desquelles les consuls votaient une somme de six livres.

En 1623 le collège existait depuis quatorze ou quinze ans, quand la population se montra mécontente des régents et demanda que de nouveau l'instruction fût confiée aux religieux. Les augustins et les dominicains offraient simultanément leurs services, mais ces derniers n'étaient pas populaires. Une assemblée générale des pères de famille fut réunie à son de trompe : la majorité de la population voulait les religieux; les protestants et même nombre de catholiques tenaient pour les régents, mais ils n'osaient pas affirmer ouvertement leur sentiment, étant faibles pour le faire prévaloir.

Au jour de l'assemblée, M. de Palhasse, premier consul, avait à peine annoncé l'objet de la réunion que M. Day, procureur du roi, se lève et s'oppose à ce qu'il soit délibéré plus avant, vu que dans l'assemblée on ne voit que des partisans des religieux. « J'en suis marri, répond M. de Palhasse, au nom des consuls : la convocation a été faite par trois fois à son de trompe. Pourquoi les opposants ne sont-ils pas venus? Vous avez d'autant moins raison de vous plaindre que vous avez été, par surcroît, convoqués à domicile par lettre, vous et tous ceux que nous soupçonnions devoir être hostiles à notre proposition. — Les religieux, disait M. Day, ne sont pas libres et ne peuvent pas même accepter l'offre, puisqu'ils dépendent d'un supérieur général. — Ils sont si bien munis de pleins pouvoirs, réplique M. de Palhasse, qu'ils offrent de passer le contrat sur l'heure. »

Et, continuant de réfuter les objections de M. Day, il conclut que celui-ci ne peut que trouver à propos que les personnes présentes, les plus qualifiées de la ville, opinent sur ladite proposition.

M. de Laporte, juge à la cour, fit alors un long discours pour montrer qu'il était avantageux de confier l'instruction de la jeunesse aux pères augustins, avec réserve qu'il sera permis aux consuls de rétrocéder au contrat, au cas où lesdits pères ne feraient pas leur devoir au gré des habitants de la ville.

L'assemblée adopta cet avis à l'unanimité des voix, sauf celle de M. Day, qui persévéra dans son opinion.

Le collège passa donc aux pères augustins; mais en 1639, seize ans plus tard, il revint aux régents, voici comment. Quoique les pères augustins eussent pris l'enseignement officiel, les régents n'en continuèrent pas moins de tenir école, et ils eurent toujours quelques élèves. Les consuls acceptèrent même cette solution et leur firent un traitement. Mais les pères de famille étaient mécontents d'eux et faisaient entendre des plaintes fréquentes. Ceux qui tenaient l'école en 1638 furent congédiés comme incapables : les pères augustins prirent de là occasion de demander des avantages, que les consuls n'accordèrent que partiellement. On ne saurait dire ce que demandaient les pères, car les délibérations de 1638 n'existent pas aux Archives de la ville. En janvier 1639... « finalement fut proposé si on se doit pourvoir de nouveaux régents ou continuer les pères augustins. L'assemblée arrête univoquement que les sieurs consuls continueront de traiter avec lesdits pères augustins et que, au cas où ils ne voudraient se contenter de ce qui leur a été offert par la ville, lesdits sieurs consuls se pourvoiraient d'autres régents capables, le plus tôt qu'il se pourra, afin que la jeunesse ne perde pas son temps [1]. »

Les pères augustins fermèrent leur école. Les délégués des consuls déclarèrent en assemblée s'être transportés en divers lieux et n'avoir pu trouver des régents capables, et proposèrent de remettre, faute de mieux, ceux de l'année précédente, au moins jusqu'à la Saint-Jean [2].

Quand M. de Laborie arriva à Figeac, les sœurs de Londieu et celles de Sainte-Claire élevaient les demoiselles de la ville; des institutrices libres recevaient, moyennant salaire, les filles du peuple, en petit nombre, que les parents faisaient instruire, et quatre régents enseignaient les lettres au collège.

Les capucins avaient construit leur couvent sur l'emplacement de la citadelle, construite elle-même auparavant sur l'emplacement du presbytère et dans le jardin du prieur du Puy, aujourd'hui jardin de M. Murat et maison au fond du jardin. En compensation du terrain cédé par le prieur, du consentement des consuls, ceux-ci lui avaient livré, à titre de provision, un jardin au nord de l'église, dans la cour actuelle du collège, pris sur le commun ou place publique du *Puech*. Attenante au jardin était une maison assez vaste : les quatre classes des régents étaient au rez-de-chaussée, et l'étage servait de presbytère au prieur.

1. Archives de la ville ; délibération du 7 janvier 1639.
2. 22 janvier.

Les catholiques étaient les maîtres en ville, puisque par édit l'accès aux fonctions publiques était interdit aux protestants; mais la paix n'était pas faite pour cela : les passions politiques et religieuses étaient toujours très vives et divisaient la population.

Le curé de Saint-Thomas refusait de recevoir les hérétiques dans son cimetière, quoique ce lieu eût été désigné par les consuls pour leur sépulture, exclusivement à tout autre. Un règlement de police dut défendre « de sortir la nuit sans lumière et en armes, sous peine de confiscation d'icelles et autres peines édictées par la loi ».

Le désordre des mœurs était extrême, et la police impuissante à faire respecter les règlements. Tous les ans, et souvent plusieurs fois dans l'année, arrivaient des lettres du roi, annonçant que la ville aurait à loger, pour quelques jours ou quelques mois, des compagnies des armées royales à pied ou à cheval, et ces soldats, disséminés dans les quartiers et logés à l'auberge ou chez les particuliers, étaient encore un élément puissant de désorganisation morale.

Les pauvres étaient très nombreux. Alors comme aujourd'hui, ils accouraient du Rouergue, de l'Auvergne, du Limousin et du Périgord, attirés par les distributions abondantes qui de tout temps leur ont été faites chez nous. Tous les ans, au mois de janvier, les consuls se demandaient ce qu'il fallait faire des étrangers, et souvent délibéraient qu'il convenait de renvoyer chez eux « tous ces étrangers fainéants qui mangent la vie du pauvre peuple et apportent parfois de loin, par leur malpropreté, toutes sortes de maladies, si bien qu'il n'est pas possible de nettoyer la ville tant qu'ils seront là ».

Avant l'arrivée des protestants, trois hospices donnaient asile à ces pauvres étrangers comme à ceux de la contrée et de la ville : au Chapitre, l'hôpital Saint-Nazaire ; au pont du Pin, l'hôpital Saint-Jean, aujourd'hui la maison Rossignol ; au faubourg d'Aujou, l'hôpital Saint-Jacques, devenu l'hôpital général. En des temps plus reculés avait existé la Maladrerie ou hôpital des lépreux, sur le chemin de Lissac, où se trouvait une chapelle fort bien bâtie, dit Ducros, mais déjà découverte et en ruines de son temps. Les criminels y recevaient les derniers sacrements, et les dames de la ville y faisaient célébrer pour eux une messe le lundi de chaque semaine. Le faubourg du Griffoul ou de Saint-Martin avait eu aussi sa commanderie ou son hôpital : est-ce le même que l'hôpital des *Soubira*, célèbre dès le treizième et même le douzième siècle ?

Après que les protestants eurent perdu le pouvoir, un seul se trouva en exercice : l'hôpital Saint-Jacques. Celui du Pin était devenu une propriété particulière. Quant à celui de la collégiale, s'il avait des revenus, dit le chanoine Ducros avec certain air de satire, pour sûr il n'avait plus de pauvres.

Les prêtres étaient très nombreux à Figeac. C'était d'abord, outre les religieux vivant dans leurs couvents, les chanoines, au nombre de douze : le doyen, les deux archidiacres, le chantre et huit autres non autrement qualifiés que de leur titre de chanoine.

L'abbé ne résidait plus à Figeac. Un laïque, le jeune de Crussol, fils du duc d'Uzès, seigneur d'Assier, Capdenac et autres lieux, portait ce titre depuis 1623. On avait espéré qu'il rétablirait l'église de l'abbaye ; mais il se contenta de prendre les revenus de son bénéfice, ne mit jamais les pieds dans le monastère, et se démit en 1657, pour épouser la veuve de Saint-Quentin. Cette dernière avait de son premier mariage un fils, nommé Jean-Armand de Fumée des Roches-Saint-Quentin[1]. Il devint abbé de Figeac l'année même que M. de Laborie fut nommé prieur, et il garda cette dignité pendant cinquante-quatre ans. Sa mère avait de l'ambition pour lui ; elle travailla à le marier richement ou du moins à le faire élever à l'épiscopat: mais l'abbé, se croyant incapable de parler en public, ne se prêta à aucun des projets de sa mère. Il reçut le sous-diaconat, refusa les autres ordres et ne fut jamais prêtre, contrairement à ce que laisseraient croire nos *Annales*. Il n'avait que deux ans à vivre quand, en 1710, M. Sourdés écrivait, dans le *Flosculi*, cette ligne qui ne laisse aucun doute : *In primo ordine sacro constitutus, in quo vivens adhuc permanet* (élevé au premier des ordres sacrés, il y a vécu et y persévère encore). Il marchait avec un luxe épiscopal, venait souvent à Figeac, mais passait aussi une grande partie de son temps à Montauban, à Toulouse, à Paris, dans ses terres. Ses mérites et ses excellentes qualités, dit Ducros, font espérer de le voir bientôt élevé à l'épiscopat. Il commença les réparations de son église, mais il mourut avant d'en voir la fin.

1. « Cette famille de Fumée des Roches figure longuement au *Nobiliaire du Poitou* de Beauchet-Filleau. » (Note de M. J.-B. Champeval.)

C'était ensuite le prieur du Puy avec ses deux vicaires et les trois recteurs ou curés des autres paroisses, parfois représentés par un vicaire.

C'était les prêtres obituaires, ceux qui desservaient les chapellenies fondées dans les églises. Comme cette institution n'est plus dans nos habitudes, il est nécessaire d'insister pour en donner une idée claire.

La famille qui voulait fonder une chapellenie devait, par un acte authentique, constituer des rentes perpétuelles assises sur immeubles et proportionnées aux charges. déterminer le nombre de messes ou de services à faire dans l'année et l'église et l'autel où seraient dites ces messes, et enfin désigner les patrons chargés de veiller à l'exécution de ses intentions, de pourvoir aux vacances et d'installer les nouveaux titulaires.

Parfois la famille gardait le patronage, parfois elle le concédait au curé de l'église, au collateur du bénéfice ou à toute autre personne de son choix. Guisbert Puech, curé de Saint-Thomas, était en même temps titulaire de la chapellenie de Fages à desservir dans l'église du Puy, à l'autel des Saints-Cosme-et-Damien et, comme prêtre obituaire de cette dernière église, il y faisait souvent les baptêmes et les mariages. Étant décédé à cinq heures du soir, le 13 janvier 1662, dès le lendemain le sieur Tournemire, docteur et avocat, greffier en office à la cour de la ville, se présente devant M. Pomel, notaire, en même temps que Pierre Fages, marchand à Figeac, et Jean Fages, laboureur au village de même nom, près Ladéganie, patrons de la chapellenie de Fages fondée par leurs ancêtres, et il obtient d'eux par acte le titre de la chapellenie pour son fils Jacques, docteur en théologie, pour le moment résidant à Cahors.

Le 21 du même mois, le sieur Andrieu, nouveau curé de Saint-Thomas, déjà prêtre obituaire du Puy pour son compte, se présente pour faire le service de la chapellenie de Fages, au nom et pour le compte du sieur Jacques Tournemire ; mais ses collègues les sieurs Pinquié et Bessières, prêtres obituaires du Puy et sacristains de l'église, lui refusèrent les ornements sacerdotaux, ne reconnaissant pas son droit. A l'instant le notaire est appelé et, montant à la tribune de l'église, dresse acte de refus devant témoins, parmi lesquels est Tarrisse, vicaire. Le 24, trois jours après, le sieur Andrieu reparaît, portant authentique procuration de M. Jacques Tournemire, et cette fois il a toute facilité de faire son service.

Deux ans après, le même Jacques Tournemire étant curé de Teyssieu, M. Guyot de Galtié se démet en sa faveur, en cour de Rome, tant de la cure de Saint-Christophe de Viazac que de la chapellenie de Notre-Dame y attachée, à desservir à l'autel de la Sainte-Vierge dans cette même église. M. J. Tournemire, accompagné de M. Turalure, prêtre obituaire du Puy, et de témoins, se présente à Viazac et exhibe provisions et signatures de la cour de Rome, visées par l'official du diocèse. M. Turalure le prend par la main, le conduit à l'autel de Notre-Dame et le met en réelle et corporelle possession de la chapellenie, avec ses charges, ses fruits et ses émoluments de toute sorte, dont acte devant notaire.

M. de Bolet, curé de la Capelle, à Figeac, et comme

tel patron de la chapellenie de Gaspard, la concède à
M. Jean Ducros.

Ces exemples suffisent pour faire comprendre que
les chapellenies pouvaient être occupées par des prêtres
déjà pourvus d'autres offices, et que le même pouvait
en desservir plusieurs à la fois. Quand les charges
étaient considérables, les rentes l'étaient aussi, et con-
sistaient parfois en la jouissance de belles propriétés,
comme celle du Cayrol et celle de Lagarrigue. Le titulaire, dans ce cas, vivait de son bénéfice et s'en contentait. Plusieurs de ces fondations mettaient à la disposition du chapelain des maisons qui lui servaient
d'habitation et portaient également, dans les quartiers de la ville ou dans les faubourgs, le nom de la
chapellenie. Des chapellenies trop chargées pour un
seul étaient à deux prêtres. En 1666, M. Tournemire,
curé de Viazac et titulaire de la chapellenie de Fages,
à desservir au Puy, installe M. Boutaric à la demi-
chapellenie de Darnal, à servir par deux prêtres à l'autel Saint-Sauveur, du Puy.

Quand les prêtres obituaires étaient nombreux dans
une même localité, ils se constituaient en communauté,
et leur syndic gérait leurs intérêts communs : ce n'é-
tait pas une sinécure. Un volume in-folio fort épais du
seizième ou du dix-septième siècle a été trouvé, il y a
une vingtaine d'années, chez un épicier de Lacapelle-
Marival. Il est tout entier rempli de lods et vidimes des
prêtres obituaires de Notre-Dame du Puy. Il faut
entendre par là les actes passés, du consentement des
obituaires, moyennant droits d'usage, chaque fois que
changeaient de propriétaire les immeubles sur les-

quels les rentes de leurs chapellenies étaient assises.
Le terrier du seizième siècle de la commune de Figeac
consacre trente-quatre pages à la simple énumération
des rentes de la communauté des prêtres obituaires
du Puy.

Malgré tout, la religion était loin d'être florissante
quand M. de Laborie arriva pour prendre possession de
son poste. Les habitudes de piété étaient tombées en
désuétude, les églises étaient désertes, et les sacrements
négligés, en sorte que M. Sourdès, qui avait tout vu de
ses yeux, un demi-siècle plus tard, au souvenir de cet
état de choses, répétait les gémissements des prophètes
juifs à la vue des ruines du Temple et de la Ville sainte.

« L'ennemi, dit-il, avait mis la main à détruire toutes les beautés de cette église, et Dieu semblait avoir
livré à l'oubli ses jours de fête et ses solennités saintes.
Cette reine des églises paroissiales de la ville de Figeac,
quoique pleine de peuple, était devenue comme une
veuve opprimée d'amertume, parce que toutes les joies
religieuses avaient déserté cette terre et qu'aucune
voix ne s'élevait pour appeler le peuple aux solennités
saintes. Ses prêtres, sans force et sans courage, gémis-
saient à cause de la dureté de la servitude, portaient
leur deuil sur les places publiques, et l'ennemi venant
à passer les entraînait en captivité. Son peuple demandait le pain du ciel et donnait tout ce qu'il avait de
plus précieux pour obtenir cette nourriture et rendre
un peu de force à son âme défaillante ; mais presque
tous ceux qui étaient venus lui prêcher le royaume des
cieux étaient ses ennemis, car ils ménageaient ses vices

et ne lui donnaient pas le spectacle d'une bonne vie, n'ayant d'autre ambition que de s'enrichir de ses biens... *Facti sunt hostes ejus, tacebant enim vitia, nec opera bona ostendebant ei, sed tantum ex bonis ipsius locupletari gestabant.* »

Ces paroles, rapprochées de celles de Mgr Alain de Solminihac : « Souvenez-vous de ceux qui, là-bas, souillent le sacerdoce, » en disent long dans leur concision et leur brièveté.

Les prêtres d'alors, hélas! comme il n'arrive que trop souvent, remplissaient les fonctions matérielles de leur charge, mais ne se sentaient ni le courage ni la force de relever le peuple chrétien peu à peu tombé, par une pente naturelle, dans les bas-fonds de l'indifférence, de la tiédeur, de l'oubli de ses devoirs, et peut-être aussi des vertus fondamentales de toute morale.

Ce courage et cette force, M. de Laborie se les sentait au cœur. Il est difficile de ramener les eaux vers leur source : cette tâche surhumaine, ce saint prêtre l'entreprit, et le résultat montra qu'il n'avait pas trop présumé de ses forces et de la grâce, sans laquelle on ne fait rien.

CHAPITRE VI

M. DE LABORIE ENTREPREND DE REMETTRE EN HONNEUR LES PRATIQUES RELIGIEUSES A FIGEAC. — IL ÉTABLIT DE NOMBREUSES CONGRÉGATIONS ET DE NOMBREUSES RETRAITES.

Comme le Sauveur, quand il voulut renouveler la face de la terre, commença par faire lui-même ce qu'il voulait obtenir de ses disciples, ainsi M. de Laborie se forma d'abord à toutes les vertus, avant d'appeler son peuple à s'engager dans la voie du bien et à suivre ses traces.

Il se donna un règlement de vie à la manière des saints. Il travaillait toujours sans prendre un moment de repos ; et si son corps se révoltait contre la lourde tâche à laquelle il l'avait condamné, il le réduisait par veilles, cilices, ceintures de fer et fréquentes disciplines. Il passait la nuit presque entière à la prière, à la lecture, à ses écritures, et, quand le sommeil était plus fort que lui, il se contentait souvent de prendre quelque repos, la tête appuyée contre le mur ou abaissée sur sa table de travail[1].

1. Ces détails et d'autres qui précèdent ou qui vont suivre sont pris des opuscules de M. Sourdès.

Il laissait à ses vicaires ou aux prêtres de l'église le soin de faire les baptêmes, les mariages et les sépultures. A peine faisait-il un baptême tous les cinq ans, et trois ou quatre mariages chaque année. Le premier mariage qu'il bénit est du 17 juillet 1661, deux ou trois ans après son arrivée à Figeac; encore n'est-il pas à sa place dans le registre; on lit en marge, à côté de l'acte : « Ce mariage n'a pas été inscrit au jour où il fut fait, à cause des occupations que j'ai eues... » Et il signe tant l'acte que la note écrite de sa main.

Ses habits étaient pauvres, et sa table frugale. Pendant ses repas, il écoutait une lecture ou prenait part à d'utiles discussions. Il ne dédaignait pas les plus humbles offices; il ne refusait jamais une audience, et recevait avec une bonté extrême tous ceux qui recouraient à lui; mais il ne supportait pas les relations, visites et conversations qui n'avaient aucun rapport avec les choses de Dieu ou le salut des âmes.

Oublieux de ses droits personnels, il redoutait extrêmement de méconnaître ceux d'autrui. Un enfant du Puy, en août 1661, naquit à Saint-Georges, dans une maison que la famille y possédait sans l'habiter, une ferme qu'elle exploitait elle-même et où elle ne séjournait qu'à l'occasion des travaux; on le présenta au Puy pour le baptême : « J'ai fait des difficultés, dit M. de Laborie, représentant aux parents que cet enfant n'était pas né sur la paroisse; mais comme la famille insistait, disant qu'elle n'allait dans cette maison que pour ramasser la récolte, que son domicile habituel, son vrai domicile, était en ville et dans la paroisse du Puy, j'ai fait prévenir M. Pepin, curé de Saint-Martin et en même temps vicaire de Saint-Georges, et j'ai fait le baptême, sauvegardant ainsi les droits de chacun. » Et il consigna ce scrupule dans le registre.

Il ne cessa de toute sa vie d'étudier l'Écriture sainte, les Pères et les lettres, de sorte qu'il acquit une facilité extrême de parler de toutes choses avec science et autorité : l'erreur auprès de lui fit toujours triste figure.

Le démon, qui le tourmenta parfois, fut également toujours impuissant contre lui. Il avait coutume de dire aux prêtres de son entourage : « Soyez sans crainte, la malice des démons ne peut nuire aux vrais serviteurs du Christ ; tout au contraire, elle sert à leur gloire et à leur triomphe. »

Il appelait de bonne heure les enfants au catéchisme, et il aimait à les instruire lui-même et à les préparer à la première communion. Il ne cessait de prêcher la parole de Dieu, à moins que la maladie ne lui rendît ce travail impossible. Il ramenait les pécheurs à Dieu, allant à eux comme le bon pasteur à la recherche de la brebis égarée, conjurant publiquement les pécheurs publics de renoncer à leurs mauvaises habitudes et priant pour eux sans se lasser. Il s'efforçait aussi d'attirer la population à l'église en multipliant les solennités et les fêtes. Notamment pendant les désordres qui précèdent le carême, du consentement de son évêque, il faisait non seulement trois jours, mais huit jours durant des prières publiques, et il montait en chaire chaque jour pour rappeler le peuple à ses devoirs. Hélas ! il remarqua bientôt qu'il userait sa vie à ce labeur de tous les jours sans grand résultat : un groupe de fidèles, toujours les mêmes, donnait de la vie à son église, assistait à ses instructions, répondait à ses appels, écoutait sa parole et célébrait les fêtes par la réception des sacrements; mais le gros de la population restait en dehors du mouvement, n'assistait jamais ou rarement aux instructions, se rendait furtivement aux offices ou se refusait à tout acte extérieur de religion.

Il semblait au prieur du Puy qu'il n'aurait rien fait tant qu'il n'aurait pas ramené aux pratiques religieuses cette partie récalcitrante de son troupeau. Il médita et pria longtemps, et s'arrêta à une résolution qui paraîtra héroïque à quiconque comprendra quel surcroît de travail, de fatigues et d'ennuis il se donna pour le reste de sa vie : ce fut de distribuer ses paroissiens en catégories ou groupes déterminés par l'âge, le sexe, les occupations, la situation sociale; de les appeler successivement dans leurs lieux de réunion, de les instruire et de les former séparément, et d'attirer ainsi à l'église ceux que l'indifférence ou l'habitude en tenaient éloignés, en rendant particulières et presque personnelles des invitations qui, jusque-là s'adressant à tous, ne s'adressaient proprement à personne.

Ces groupes, au nombre de sept, furent constitués et organisés en confréries, ayant chacune sa fête patronale, ses jours et son heure de réunion, ses règlements imprimés, ses bannières, ses habitudes, ses devoirs particuliers, ses moyens de propagande. Il fallait pour chacune d'elles des soins si multipliés que c'était comme sept paroisses en une seule. Il fallut des années pour faire adopter ces innovations et plier aux règlements les volontés rebelles; mais enfin notre prieur réussit, à force de persévérance et de zèle, dans une bonne mesure; et quand tout marcha selon ses vœux, il fit approuver toutes ces congrégations à Rome, de 1682 à 1688, et obtint pour elles de précieuses indulgences.

Chaque congrégation avait son règlement imprimé, venons-nous de dire, et chaque membre avait dans ses mains un exemplaire des statuts de son association. Quelques-uns de ces petits livres sont encore aux Archives du Puy, et vraiment il est regrettable que la collection n'en soit pas complète : elle nous eût montré à découvert l'âme de M. de Laborie, qui s'épanchait dans ces traités pratiques de religion et de dévotion, variés selon l'âge et la condition sociale des personnes auxquelles ils étaient destinés.

Ces confréries étaient :

1° Messieurs les PÉNITENTS BLEUS : magistrats, avocats, bourgeois, ceux que nous appelons aujourd'hui la classe dirigeante ;

2° Les DAMES ÉPOUSES et VEUVES : aujourd'hui nous disons *les Mères chrétiennes* ;

3° Les DEMOISELLES et les SERVANTES, parce que celles-ci devaient accompagner leurs maîtresses aux réunions ;

4° Les pères de famille, ARTISANS et maîtres ouvriers ;

5° Les simples OUVRIERS ;

6° Les ÉCOLIERS ou étudiants ;

7° Les ÉCOLIÈRES des écoles chrétiennes.

Au-dessus de toutes ces congrégations, il existait encore des associations générales, qui se recrutaient un peu partout et n'avaient pas de réunion hebdomadaire, comme la confrérie du Saint-Sacrement, celle qui avait pour but le soulagement des âmes du purgatoire, et autres encore. Il y avait aussi des corps de métier, la confrérie des Vignerons, par exemple, qui a un legs dans le testament de notre prieur ; celle de Saint-James (Jacques), celle de Saint-Eutrope, dont les rentes sont énumérées aux terriers de l'époque. Ces dernières associations existaient avant l'arrivée de M. de Laborie à Figeac ; elles avaient leurs règlements et leurs habitudes : il n'y toucha pas, et leurs débris existent encore de nos jours.

Quant à celles qu'il avait fondées, il s'en servit comme d'un point d'appui pour soulever et secouer sa paroisse et opérer les merveilles de salut qu'il avait en vue dès le commencement. Et le levier ? Le levier puissant dont il se servit et qu'il mania de main de maître furent les *congrégations* et les *retraites*. Par congrégations ici il faut entendre les réunions hebdomadaires des confréries, commencées par une lecture et terminées par un sermon ou instruction pieuse. Tout le monde sait combien une retraite est utile à la piété : le goût était alors aux retraites et aux missions. Saint Vincent de Paul voulut que ses prêtres portassent le nom de *prêtres de la Mission* et que leur principale occupation fût de donner des retraites ou des missions dans les campagnes. M. Olier faisait également donner des missions. M. de Laborie, animé du même esprit, voulut, lui aussi, faire donner des missions dans les campagnes sous la direction de l'évêque du diocèse, et, comme charité bien ordonnée commence par soi, il pensa d'abord à sa paroisse ; et de même qu'une mère gâte son enfant de dragées, lui, il gâta sa paroisse de retraites. Six retraites de femmes et de filles[1] et autant d'hommes et de garçons étaient données, tous les ans, aux fidèles divisés par catégories diverses. Les retraites d'hommes et de garçons étaient données au Séminaire, celles des femmes et des filles aux Écoles chrétiennes, et duraient chacune une semaine. Les prêtres du Puy, dont nous parlerons au chapitre VIII, donnaient les instructions et entendaient les confessions; les demoiselles des Écoles chrétiennes, que le chapitre XII nous fera connaître, avaient une grande part aux retraites des femmes et des filles, par lectures, conversations et direction de l'emploi des temps libres[2].

Avec ces congrégations et ces retraites, le zélé pasteur renouvela sa paroisse, fit disparaître les abus les plus invétérés, ramena tout le monde à l'église et rendit pour longtemps la religion et la piété prospères et florissantes.

1. Voir les explications de Mlle de Cussonel à la fin du chapitre XVII.
2. Voir le testament de M. de Laborie, chapitre XX.

CHAPITRE VII

LES CONFRÉRIES DE M. DE LABORIE SONT VUES
DE PLUS PRÈS

Dès 1661. la confrérie des Pénitents-Bleus avait son autel et sa tribune au Puy, car en cette même année une sépulture fut faite *devant l'armoire qui est devant l'autel des Pénitents*. On a déjà rencontré la tribune, qui était alors dans les bas côtés, devant l'autel actuel de Saint-Jérôme. C'était trois ans seulement après la prise de possession de la paroisse par M. de Laborie. On lit dans l'*Histoire des pénitents*, publiée à Figeac il n'y a que quelques années : « Presque toute la ville se fit gloire d'appartenir à une confrérie, dont la principale préoccupation était d'aider par ses pénitences et ses prières à faire disparaître les calvinistes du royaume. et la compagnie eut l'amour des bons habitants, comme l'hérésie leur haine. »

Les personnes les plus recommandables par la naissance, la fortune et la science marchaient sous le sac aux processions du Saint Sacrement, du jeudi saint, et à celle du 9 juillet, en mémoire de la délivrance de la

ville, comme aux processions expiatoires du mardi
gras et du vendredi saint.

La confrérie célébrait avec pompe les fêtes de saint
Jérôme et de sainte Madeleine ; elle chantait les com-
plies chaque vendredi à deux heures, et, par privilège,
la cérémonie se terminait par la bénédiction du saint
Sacrement. Des censeurs devaient avertir le prieur de
tout ce qu'il pouvait y avoir à reprendre dans la conduite des confrères, et celui-ci exerçait à l'égard de tous
la charité fraternelle, les avertissait de leurs défauts,
les réconciliait entre eux et terminait les procès à l'a-
miable. Tout manquement grave contre l'honnêteté,
l'honneur ou les mœurs était un motif de radiation ou
de refus d'inscription.

Dès qu'un pénitent était décédé, un nombre suffisant
de confrères étaient désignés pour aller *passer l'heure*
et réciter des prières : il y avait constamment des pénitents auprès du corps jusqu'au moment de la sépulture.

Sous M. de Laborie, ils avaient fréquemment des
instructions pour eux spécialement, et portes closes.

Le règlement de la confrérie des Artisans, rédigé par
M. de Laborie et réimprimé à Villefranche-de-Rouergue
en 1752, porte ce long titre : *Statuts et Règlements pour
messieurs les marchands et pères de famille artisans de la
ville de Figeac, dressés* (lisez : approuvés) *par Monsei-
gneur l'illustrissime et révérendissime Nicolas Sevin, évêque, baron et comte de Cahors, pour procurer et conserver dans les familles des confrères de cette congrégation,
par lui établie dans l'église de N.-D. du Puy de Figeac,
le salut de leurs âmes, l'union parmi eux, la fuite des*

*débauches, des querelles, des procès et de tous les excès,
et leur attirer en abondance la grâce de Dieu, la santé
du corps et de l'âme et la prospérité dans leurs maisons.*

Quarante-deux articles pieux et pratiques commentent ce titre.

« Tous les confrères s'assembleront, à midi précis,
tous les dimanches et jours de fête solennelle de l'année, dans la chapelle de la congrégation, pour y réciter
quelques prières et y entendre une instruction faite par
le sieur prieur du Puy ou autre par lui commis. » (Art. 4.)

« Toutes les semaines, le directeur désignera quelques membres pour faire la communion le dimanche
suivant, à l'intention de la congrégation. » (Art. 6.

« Les pères de famille ne se contenteront pas de faire
la prière seuls, mais, se souvenant de l'anathème de
saint Paul contre ceux qui n'ont pas soin des leurs,
surtout des serviteurs, lesquels, dit l'Apôtre, sont pires
qu'un renégat et un infidèle, ils assembleront, le matin
et le soir, tous ceux de la maison, femme, enfants,
valets, servantes, apprentis et compagnons de métier,
s'ils en ont, pour la faire tous ensemble. » Art. 8.)

« Ils ne permettront pas que leurs serviteurs soient
jureurs, blasphémateurs, cabaretiers ; ils veilleront également sur leurs enfants et leurs apprentis. » (Art. 9, 10.)

« Il ne doit pas y avoir de procès parmi les confrères ; le directeur ou le préfet avisés nommeront des
personnes intelligentes qui régleront tout à l'amiable,
et les confrères devront se soumettre à la sentence. »
(Art. 24).

« La charité la plus parfaite doit régner entre eux,
pendant la maladie et à la mort surtout. Le secrétaire

nommera chaque dimanche ceux qui seront de tour
pour la visite des pauvres en ville, des prisonniers, de
l'Hôpital, des affligés. Il ne pourra être reçu personne
qui ne soit artisan. La congrégation est sous le titre
de l'Immaculée-Conception de la sainte Vierge. » (Art.
25, 26, 33 et 39.)

Les statuts des simples Ouvriers, des Mères de famille,
Épouses ou Veuves, des Demoiselles et des Servantes,
des Écoliers, n'ont pas été retrouvés; mais nous avons
celui des Écolières. Ce dernier et celui dont on vient de
lire des extraits suffiront pour nous faire soupçonner
ce que les autres devaient être.

Les statuts des Écolières ne sont pas édités en petite
brochure; ils sont précédés des prières du matin et du
soir et d'un abrégé de la doctrine chrétienne sous forme
de catéchisme, et suivis d'autres prières et de courtes
méditations pour chaque jour du mois, qui, dit l'aver-
tissement, « sont des grains d'essence contenant une
grande vertu sous une petite masse ». Il ne faut pas se
lasser de les relire, il y a toujours quelque chose de
caché à découvrir dans les vérités évangéliques. Le
tout constitue un manuel de piété pour les enfants.
M. Sourdès, en plus d'un endroit, avertit que M. de
Laborie ramenait les pécheurs par ses prédications et
par ses écrits : ce petit livre, qui est une seconde édi-
tion, imprimée à Aurillac en 1702, est un de ces écrits
qu'on ne retrouve pas, parce que notre prieur avait
l'habitude de ne mettre son nom dans aucun de ses ouvrages, comme il laissait à son évêque ou à d'autres
l'honneur de ses fondations.

On lit en tête du règlement : *Statuts de la congré-*

» *gation des Écolières, établie à Figeac, dans la paroisse*
N.-D. du Puy, par l'autorité de l'évêque de Cahors.

« Cette petite congrégation se composera de filles qui vont, au moins quelques jours de la semaine, aux Écoles chrétiennes, âgées de dix ans au moins et ayant fait la première communion. » (Art. 1.)

« Une de leurs maîtresses, qu'elles nomment à la pluralité des voix une fois l'an, sera toujours leur supérieure. Les filles de la congrégation se réuniront chaque jour de dimanche et de fête, une heure avant vêpres, au lieu qui leur sera marqué. On lira la Vie des saints, en attendant que le prieur du Puy ou un autre ecclésiastique, de sa part, vienne faire une instruction de demi-heure. » (Art. 2 et 3.)

« Elles se confesseront une fois chaque mois au moins : chaque dimanche, après l'instruction, on désignera six filles qui devront faire la communion le dimanche suivant, au nom de toute la congrégation. » (Art. 6.) Elles doivent également, par groupes, faire adoration publique du saint Sacrement pendant les quarante heures.

« La modestie sera en toute circonstance leur vertu favorite, et elles s'efforceront aussi d'imiter le saint qu'elles doivent plus particulièrement honorer pendant le mois. » (Art. 8.)

« Leur congrégation est sous le titre de la *Présentation de l'Enfant Jésus au Temple*, et elles s'appellent LES FILLES DE LA CONGRÉGATION DE L'ENFANT JÉSUS. » (Art. 14.)

« Elles sont engagées à faire un quart d'heure de méditation chaque jour, et elles se préparent à la fête de la Présentation par une retraite de trois jours.

« Elles ne doivent pas lire les *romans* ou *historiettes*,

qui ne servent qu'à gâter l'esprit et corrompre le cœur. La supérieure doit leur inspirer un grand éloignement du monde, pour lequel Jésus-Christ allant à la mort n'a pas voulu prier, et des bals ou autres divertissements, qui sont un écueil très dangereux pour les filles. » (Art. 9 et 10.)

Elles doivent enfin se visiter pendant la maladie et assister à la sépulture des congréganistes défuntes, bannière déployée.

Cette congrégation, approuvée à Rome en 1688 par le pape Innocent XI, n'est établie qu'en 1691 par Mᵍʳ H.-G. Le Jay, évêque de Cahors : elle suivait son règlement depuis plus de quinze ans avant cette date.

De la congrégation des Dames Épouses et Veuves sortit une œuvre qui est restée jusqu'à nos jours prospère et célèbre, *la Miséricorde*. Les statuts pour les pères de famille et artisans font une grande part aux œuvres de charité. Des délégués de la congrégation doivent visiter chaque dimanche les malades, les prisonniers, les affligés. Si M. de Laborie avait cru pouvoir imposer cette pratique aux hommes, que n'avait-il pas exigé des dames? Les pauvres étaient nombreux, l'Hospice recueillait ceux qui manquaient absolument de ressources; mais alors comme aujourd'hui ils étaient nombreux ceux qui ne voulaient pas être transportés à l'Hospice et n'avaient pas cependant de quoi se soigner convenablement chez eux, pour peu que la maladie fût de quelque durée. Les dames qui les visitaient étaient témoins de leur misère et rendaient compte de leurs impressions à leur directeur. Celui-ci trouvait des ressources pour tous les besoins; il faisait faire de larges

distributions par ces dames ou par de pieuses filles
chargées de ce soin par quartiers, et il n'était jamais
plus content que lorsqu'il avait tout donné et n'avait
plus rien.

En 1692, une famine cruelle s'étant fait sentir à Figeac et dans la contrée, il visitait lui-même les pauvres et les consolait en leur disant : « C'est Dieu qui nous envoie ce fléau pour nous ramener à de meilleurs sentiments et nous purifier de nos péchés. Tenez-vous donc pour enfants de Dieu pendant qu'il nous châtie ; il ne sera pas au nombre des enfants, celui qui n'aura pas eu sa part de châtiment. » En cette circonstance il donna jusqu'à ses habits, et quand il n'eut plus rien, il vendit les vases sacrés pour subvenir aux besoins les plus pressants.

Il se servit des dames de sa congrégation pour organiser la charité à domicile. Celles qui entrèrent dans ce mouvement portèrent le nom de DAMES DE LA PROVIDENCE, et leur œuvre s'appela la MISÉRICORDE. Cette œuvre d'abord n'avait pas de siège : les dames faisaient le bouillon chez elles à tour de rôle et le distribuaient à ceux qui en avaient besoin. Mais comme il faut plus que du bouillon aux pauvres, qu'il faut aussi du linge, des provisions, un mobilier, un immeuble où tout fût déposé devint nécessaire, et il porta également le nom de MISÉRICORDE. Où cet immeuble était-il au commencement ? Nous ne saurions le dire. Vers 1770, M. Molinier, prieur du Puy, acheta pour en faire le siège de la Miséricorde une maison qui porte encore ce nom écrit au-dessus de la porte d'entrée, au centre de la gache de Montferrier, au nord de la rue qui du Puy allait à l'église de Saint-Thomas. On a déjà vu que la Miséricorde de nos jours, beaucoup plus vaste, est dans les quartiers d'Aujou ou Hortabbadial et de Bénagut.

Nous avons encore les statuts de la vénérable et très honorée confrérie du Saint-Sacrement, établie dans l'église paroissiale de Notre-Dame du Puy de Figeac, réédités en abrégé en 1780. Il est évident, par le préambule et le règlement, que le but principal de cette confrérie n'est pas d'augmenter la sainteté de ses membres, mais bien plutôt de rendre à Notre-Seigneur Jésus-Christ présent parmi nous l'honneur et la gloire qui lui sont dus.

Les membres doivent assister à la grande procession et aux processions mensuelles, qui étaient alors le premier dimanche de chaque mois; ils doivent faire la communion au moins à la Noël, à Pâques, à la Toussaint et à la fête du Saint-Sacrement. Ils payent cinq sols par an.

M. de Laborie avait une grande dévotion au saint sacrement de l'autel, et il s'employa à le faire aimer et honorer. Quand il eut mis la main sur la population chrétienne au moyen des confréries, il crut possible de distribuer les familles selon les heures de la journée et de les engager à se rendre à l'église chacune à l'heure qui lui était assignée. Il fut obéi, et dès ce moment, à chaque heure du jour, le Dieu de l'eucharistie se vit entouré de nombreux adorateurs. Les fidèles, dont la foi était ranimée par tant de zèle et de pratiques pieuses, emportaient chez eux les fleurs qui avaient orné l'autel ou quelques gouttes de l'huile de la lampe, et plus d'une fois Dieu récompensa cette confiance naïve

» · en donnant à ces objets la vertu de guérir les malades
»   de leurs infirmités.

En 1685, le saint ciboire fut enlevé de l'église des
» Carmes, en plein midi, par un forcené qui n'eut pas
ı même l'idée de fuir et de se sauver, et les saintes espèces
ı furent répandues dans la rue. Au jour choisi pour la
réparation, M. de Laborie monta en chaire et, partant
· de ce texte, *arca Dei capta est*, l'arche sainte est tom-
bée aux mains de l'ennemi, il fit un discours véhément
et brûlant d'amour pour le Dieu de l'eucharistie, et il
arracha des larmes à ses auditeurs, qui se cotisèrent
sur-le-champ pour dresser une croix de pierre sur le
lieu du sacrilège. Elle existait encore au commencement de ce siècle, à l'extrémité du faubourg d'Anjou,
dit l'auteur de nos *Annales*.

CHAPITRE VIII

M. DE LABORIE SE DONNE DES AUXILIAIRES.
COMMUNAUTÉ DES PRÊTRES DU PUY

Il n'est pas possible à un prêtre, quel que soit son
zèle, de suffire au travail de prédication et de direction
que devait donner l'organisation de la paroisse telle
qu'elle vient d'être décrite. M. de Laborie le comprit
de bonne heure et, tant pour se donner des aides que
pour étendre son ministère jusqu'aux prêtres nombreux
à Figeac, comme il a été déjà dit, il conçut le projet
hardi et généreux d'attirer à lui tous les prêtres de la
ville libres et capables de se rendre utiles, et même
tous autres jeunes prêtres du diocèse ou d'ailleurs,
dévorés du zèle de la gloire de Dieu, dans le but de les
former à la perfection chrétienne et de faire d'eux de
vaillants ouvriers pour le bien.

D'après nos *Annales*, une communauté de prêtres
vivait au Puy depuis deux cents ans alors, sous l'autorité d'une règle donnée par la bulle même d'érection :
M. de Laborie n'aurait eu d'autre mérite que de relever
pour un temps cette communauté expirante. Il y a là
une confusion manifeste. Oui, il y avait au Puy une

communauté de prêtres *obituaires* constitués en société
civile à la fois et religieuse, jouissant de certaines fa-
veurs canoniques et ayant un syndic chargé du soin
de leurs intérêts communs ; mais ces prêtres n'habi-
taient pas ensemble : l'un était en même temps curé
dans la ville ou la banlieue, ou curé au loin; l'autre,
chanoine à la collégiale ; l'autre, vicaire; l'autre, rentier.
Chacun vivait dans sa chapellenie ou dans son bénéfice,
s'acquittant des devoirs de sa charge aux jours et
heures marqués et occupant le reste de son temps
comme il pouvait, sans direction, sans ensemble, et
souvent sans utilité et sans édification pour le peuple
chrétien.

Les réunir sous un même toit, leur imposer une
règle, les lier par vœu plus strict d'obéissance à l'évêque du diocèse et au supérieur son représentant im-
médiat, les assujettir aux missions et à l'enseignement
des lettres et de la théologie, fut l'œuvre de M. de Laborie. Les chanoines eux-mêmes, depuis la sécularisa-
tion du monastère, en 1536, vivaient dans leurs maisons
en ville ou dans l'enclos ouvert au public : M. de Laborie donna à Figeac, pour la première fois, le spectacle consolant de prêtres séculiers nombreux, chargés
du ministère paroissial, toujours mêlés à la population
pour les besoins du culte et les exigences de leurs
fonctions ecclésiastiques, et, en leur particulier, vivant
comme des moines.

Le concile de Trente, vers 1550, avait ordonné d'établir des séminaires dans les diocèses pour la formation des jeunes gens qui se destinaient à l'état ecclésiastique; mais les évêques n'étaient pas prêts, ils

n'avaient ni local, ni ressources, ni hommes, ni tradition pour des œuvres de cette nature, et les guerres de religion mettaient un peu partout le trouble, le désordre et la ruine. Un siècle presque se passa avant que les décrets du concile portassent leurs fruits. Dès que la paix fut faite, au commencement du dix-septième siècle, il s'éleva une pléiade de prêtres zélés qui, s'inspirant de l'esprit du concile, se mirent à l'œuvre pour opérer partout les réformes et améliorations demandées par lui. Qu'il nous suffise de rappeler les noms de saint Vincent de Paul et de M. Olier.

Ce dernier, curé de Saint-Sulpice, au sein de la capitale, avait attiré autour de lui un certain nombre de prêtres désireux de faire du bien et ne demandant que direction et encouragement. Il les constitua en communauté religieuse et les associa à son ministère paroissial; puis, fondant, selon l'esprit du concile, un séminaire à côté de son église, il leur confia l'éducation des clercs destinés au sacerdoce. C'est le séminaire de Saint-Sulpice, depuis devenu si célèbre et resté comme le modèle des séminaires du monde entier. Le moment de fonder ces établissements était venu. Les évêques embarrassés écrivaient à M. Olier, le priant de leur envoyer quelques prêtres expérimentés, pour jeter les fondements de leur séminaire et le mettre en bon état de fonctionnement. M. Olier répondait aux désirs des évêques et envoyait quelques-uns de ses prêtres; mais il n'en avait pas assez pour garder la direction de ces séminaires : dès qu'ils étaient fondés, il retirait ses prêtres pour les envoyer ailleurs faire quelque nouvelle fondation, laissant aux évêques le soin de continuer l'œuvre établie au moyen des prêtres des diocèses.

C'est ce qui venait d'arriver pour Rodez. M. Olier avait envoyé quelques prêtres, en 1647, pour fonder un séminaire qu'on éleva non à Rodez même, mais à Villefranche, à quelques lieues seulement de Figeac. Quelques mois plus tard, revenant d'Annecy, il fut étonné de voir avec quel empressement le clergé local, embrassant la sainte réforme, s'était conformé aux saints canons en ce qui concerne la soutane, la tonsure, et le reste de la vie des clercs [1]. Les disciples de **M. Olier** durent bientôt quitter Villefranche ; mais un saint prêtre du pays, M. Bonal, qui les avait vus à l'œuvre, fonda pour le diocèse une communauté de prêtres sur le modèle de celle de Saint-Sulpice. Les bonalistes continuèrent de se livrer à l'œuvre des missions et à l'enseignement des clercs jusqu'à ce que, en 1723, le séminaire fut confié aux lazaristes ou prêtres de Saint-Vincent-de-Paul.

C'est de là, et non de l'existence des prêtres obituaires de Figeac, que M. de Laborie avait pris l'idée de sa communauté et le dessein de l'établir. Ne voulant pas du reste mieux faire que M. Olier ou M. Bonal, il prit la règle que ce dernier avait donnée à ses prêtres et il la fit accepter par les siens.

Il ne demanda pas à M. Bonal une compagnie toute formée de prêtres déjà habitués à la vie commune et à l'observation de la règle, mais, s'inspirant de l'esprit de M. Bonal, il fonda une communauté de prêtres à

---

1. *Vie de M. Olier.*

Figeac tout comme celui-ci en avait fondé une dans le diocèse de Rodez, et M. Olier une à Saint-Sulpice. *Quod diù præstitit per se, cupiens deinceps per suos consequi : plurimos vocavit sacerdotes sine maculâ, voluntatem habentes in lege Domini, quos ad exemplum pietatis et confirmationem fidei, pares electio, labor similes et finis fecit æquales* [1] : « Ce que d'abord il faisait par lui-même voulant désormais l'obtenir par les siens, il appela des prêtres nombreux, sans tache et dévoués de cœur à la loi de Dieu, qui, pour l'exemple de la piété et l'affermissement de la foi, furent dans leur vocation pareils, dans leurs occupations semblables, dans le but poursuivi égaux. » Il fut fondateur au même titre que M. Olier ou M. Bonal, mais dans son humilité il ne permit pas qu'on dît : les prêtres de M. de Laborie, comme on disait : les prêtres de M. Olier, les prêtres de M. Vincent, etc. Il voulut qu'ils fussent appelés : les OBLATS DE MARIE PRÉSENTÉE AU TEMPLE, *de l'ordre de M. Bonal.* La Présentation de la sainte Vierge était la fête titulaire de sa congrégation, comme de celle de M. Bonal, comme de celle de M. Olier : saint François de Sales fut pris pour patron.

Les prêtres du Puy portent dans nos *Annales* le nom de bonalistes. Il existe dans les diverses archives de Figeac deux cents pièces diverses où il est question d'eux : jamais on n'y rencontre ce nom. On lit constamment, à la suite de leur signature : « prêtre du Puy, prêtre de la communauté du Puy », ou simplement « prêtre de la communauté », et, à partir de 1675, « prêtre du Séminaire du Puy, prêtre du Séminaire ».

1. Sourdès, *Specimen vitæ D. Ant. Deboria.*

Dans les actes publics, ils ne sont désignés ni par le nom d'Oblats de Marie, ni par celui de bonalistes, mais simplement par ces locutions usuelles : *les prêtres du Puy, ces messieurs du Séminaire.*

De bonne heure, M. de Laborie s'entoura donc de prêtres nombreux, qui s'obligèrent à l'obéissance par un vœu plus strict, se soumirent à une règle, vécurent de la vie commune et s'employèrent d'abord à la prédication, et plus tard tant à la prédication qu'à l'enseignement. En même temps ils faisaient à tour de rôle, lorsqu'ils étaient sur place, le service paroissial, quoiqu'il y eût des vicaires en titre : ils prêchaient à la paroisse et aux congrégations, ils faisaient les baptêmes et bénissaient les mariages. Sur la fin, des prêtres recommandables qui étaient là depuis vingt ou trente ans prenaient le titre de vicaire, plusieurs même à la fois; d'autres, nommés à diverses cures, pour ne pas se séparer de leur chère communauté, mettaient des vicaires dans leurs paroisses et continuaient pendant plusieurs années de faire le service au Puy.

Voici les noms qui figurent le plus souvent à la suite des actes de baptême et de mariage, les actes de décès n'étant pas signés dans les registres de l'époque. Avant M. de Laborie, le nombre est peu considérable : Guibert Puech, curé de Saint-Thomas, titulaire de la chapellenie de Fages, très souvent; Caminade, faisant fonctions de prieur; Rastayre, Roumégous, Auguié, Cayrel, Vieilcanet, de Belet, Enjalval, Teulié, la plupart vicaires, et enfin Vilhiès, prieur, en 1635.

Avec M. de Laborie, en 1658, apparaissent Puniet, Tarrisse, Daydon, vicaires; Contensou, prêtre commis;

Bessières, Pinquié, Condé, prêtres obituaires ; Boutaric, saint prêtre qui, jusqu'en 1688, pendant plus de vingt-cinq ans, signera aux registres « prêtre du Puy, vicaire, prêtre du Séminaire », s'attachera à M. de Laborie, sera syndic du Séminaire, donnera sa maison natale pour les petites écoles, sera directeur du Bon-Pasteur et fondera la maison de Piété, sous l'impulsion de M. de Laborie, qui se tient caché derrière lui.

Puniet, le premier vicaire de notre prieur, va accepter la cure de Saint-Vincent (Rive-d'Olt) et de Parnac réunies ; mais il reviendra plus tard, se consacrera corps et biens à l'œuvre du Séminaire et des missions et sera d'un très grand secours, aux moments difficiles, à celui qu'il aime comme un ami et qu'il vénère comme un maître.

Daydon, de Villeneuve-de-Rouergue, reste vicaire dix-huit ans, de 1665 à 1683, et continue ensuite de vivre au séminaire du fruit de ses chapellenies.

Le jeune Tarrisse, prêtre de grand mérite, s'acquittait de ses devoirs de vicaire à la grande satisfaction de la population, quand Mgr l'évêque, en mai 1664, lui donna une cure *où il devait résider, pour prendre soin d'icelle;* mais les consuls, à son de trompe et cri public, portes closes, le matin, avant le départ de la population pour les travaux des champs, selon la coutume, convoquèrent une assemblée générale où fut votée une supplique à l'évêque contenant le plus bel éloge du vicaire : « Par ses prédications, ses catéchismes, ses bonnes semonces et bons exemples, ses grandes qualités enfin et son zèle, il ne cesse d'éloigner la population du mal et de la porter à la vertu, et son départ

ne peut être que notable préjudice pour la ville. » Le
sieur Peyrières, le premier des marguilliers de Notre-
Dame, est dépêché à Cahors pour présenter la supplique à l'évêque. Il rentre triomphant : l'évêque ne con-
trariera pas la ville. Dès ce jour et jusqu'à 1672, nous
lisons aux registres : « Tarrisse, curé de Caillac, prêtre
commis. » Caillac avait un vicaire payé par lui. La délibération porte plus de soixante signatures et montre
ainsi combien l'assemblée fut nombreuse, et la cause
populaire[1].

C'est en 1672 surtout que le nombre des prêtres devient considérable. Voici les noms relevés aux registres,
et qui croira que tous y ont signé? Sage, Daydon, Ro-
zières, Nevoltry, vicaires; Louis Redon, Mercadier,
Ducros, Dumont, Fontanel, Maynard, Cerles, Saur,
Darjo, Reynal.

Nevoltry, originaire de Villefranche, ayant ses parents dans la ville d'Albin (Aubin), vicaire en 1672,
curé de Saint-Georges, sans cesser de résider au Puy;
en 1680, économe, syndic du Séminaire, assistant à la
fin et présidant le conseil d'administration en l'absence
du supérieur, et parfois même quand il est présent.

Louis Redon, la perle des prêtres de Figeac, disciples
et collègues de M. de Laborie, dit Sourdès. Il vécut
longtemps avec le vénéré prieur et en fut le bras droit,
si pieux, si humble, si dévoué, d'une vie si parfaite
que nul, au sentiment de tous, ne l'égala jamais. Sa
prédication, inspirée par la foi la plus vive, était pour

---

1. Voir la minute parmi les délibérations des consuls, 1664,
aux Archives de la ville.

le vice sans ménagement, et il sauva bien des âmes tout
en tressant pour lui-même sa couronne d'immortalité.
Après avoir longtemps signé « prêtre du Puy », il signait,
en 1683, « prêtre vicaire », ou simplement « vicaire ».
Il était un des directeurs du Séminaire. Une messe se
dit encore pour lui chaque mois à l'Hospice.

Dumont, curé de Saint-Thomas en 1688, ne quitta
pas non plus le Puy. Son père, conseiller du roi et
assesseur en la cour, lui avait assigné pour titre clérical, en 1664, le domaine de la Roubertie, à Saint-
Georges, estimé cent cinquante livres de revenu annuel[1]. Il répara l'église de Saint-Thomas et offrit aux
consuls de construire un presbytère à ses frais, s'ils
l'autorisaient à s'appuyer des murs de la ville. Il ne
paraît pas que ce projet ait abouti.

Cerles, curé de Saint-Julien-d'Empare, signe « sacris-
tain du Puy » en 1682, et est plus tard membre du conseil des directeurs du Séminaire.

Reynal, du diocèse de Rodez, signe aux registres
jusqu'en 1681, puis pendant douze ans on ne trouve
plus son nom nulle part; il reparaît en 1693 et signe
« Reynal, prêtre de la communauté; Reynal, vicaire »,
pendant quelques mois seulement. Puis il disparaît
encore, et quelle mission va-t-il remplir au loin? C'est
un homme grave, de poids et de valeur, et cependant
il n'assiste jamais aux réunions des administrateurs
du Séminaire. Il est évident qu'il n'habite pas Figeac,
soit qu'il donne des missions, soit qu'il réside dans
son bénéfice, car il est curé de Venalet, au diocèse de

---

1. Minutes de Pomel, chez M. Granié, notaire.

Mirepoix. C'est de là qu'il nous reviendra en 1699, pour prendre la cure du Puy et succéder à M. de Laborie.

Et Ducros? Tout le monde connaît le nom du chanoine Ducros, auteur d'une histoire inédite du monastère ; nul n'en sait au delà. Pierre Ducros, chanoine de la collégiale, avait succédé à Jean Ducros, son grand-oncle, chanoine aussi ; il céda sa place à François Ducros, son frère, précédemment curé de Cambes. Il fut fils de Pierre, notaire et greffier à la cour, petit-fils d'autre Pierre Ducros, également notaire, et arrière-petit-fils de Bertrand Ducros, notaire comme ses descendants. Il naquit à Figeac en la gache de Montviguier, à l'ombre de l'église du Puy, dans la rue qui de l'église descend aux places, troisième maison à gauche, aujourd'hui maison Sénizergues, de Saint-Félix. La famille possédait, de l'autre côté de la rue, un jardin en face de la maison, aujourd'ui jardin haut de M. Bécays, et un autre devant l'église du Puy, aujourd'hui haut du jardin de Mme Palhasse.

En 1622, Pierre Ducros, notaire, acquit pour la somme de trente livres, de Jean Ducros, chanoine, et de Pierre Caminade, celui qui faisait fonctions de prieur au Puy, titulaires par indivis de la chapellenie du Cayrol, à desservir au Puy par deux prêtres, « un patus, jadis maison et jardin de ladite chapellenie, ruinés par la construction de la citadelle bâtie par ceux de la religion prétendue réformée, pour la grande part compris dans les fortifications d'icelle, comblé de démolitions, ruines et décombres, ouvert, sans fermeture ni clôture, au terroir de Montviguier, en avant

des masures de l'église du Puy (abri depuis longtemps
démoli, autrefois existant devant la grande porte),
confrontant du chef avec le cimetière,... d'autre côté
avec jardin dudit Ducros, rue allant de l'église à la rue
de la Payrolerie entre eux ». Là, au haut du jardin de
Mme Palhasse, était probablement la maison des Ducros, avant que les protestants eussent détruit toutes
les maisons construites autour du Puy, comme trop
voisines de la citadelle et constituant un danger de
surprise du côté de la ville.

Les trente livres étaient restées comme capital de
rente entre les mains de Ducros grand-père. Le père
du chanoine, voulant racheter cette rente, versa le
capital aux mains de son fils, actuel titulaire de la
chapellenie du Cayrol par indivis avec son frère François, le curé de Cambes. Pour le recevoir il dut fournir hypothèque sur une vigne à lui appartenant, sise à
Barbiat.

En 1672, Pierre Ducros signe aux registres « prêtre
du Puy et vicaire »; en 1673, « chanoine de la collégiale », et il continue toujours de signer aux registres,
y ayant droit comme prêtre obituaire. Il fut un des
administrateurs de l'Hospice pendant plusieurs années,
et il mourut le 21 novembre 1686. Trois jours auparavant il avait fait son testament[1], par lequel, après avoir
légué des sommes plus ou moins importantes à son
frère François; à son neveu Pierre Ducros, diacre; à
Malleville, clerc, autre neveu, fils de sa sœur,... et mille
livres au Séminaire, ainsi que les arrérages de la cha-

____

1. On peut le voir aux Archives de l'Hospice.

pellenie d'Arman, à la condition que le supérieur payerait cent cinquante écus[1] à Mlle Fleurette de Lacaze, il institue l'Hospice son légataire universel et prie les pauvres de lui donner pour son corps une place au milieu d'eux dans leur cimetière.

Le prieur du Puy ne fut pas satisfait de son legs; il produisit un compte d'après lequel le défunt devait plus de trois mille livres au Séminaire; mais, par considération pour les pauvres et pour leur éviter les frais de vente d'immeubles, non seulement il renonça à sa créance, mais il réduisit même le legs à neuf cents livres[2].

L'Hospice fait encore dire une messe, le premier lundi de chaque mois, pour le chanoine Ducros. P. Ducros a laissé une histoire du monastère, sous forme de discours pour amener les chanoines, ses collègues, à restaurer l'église du Chapitre, encore aux deux tiers en ruines. Le grand argument dont le développement prend plus de la moitié de l'ouvrage, est la frappante ressemblance qu'il a cru découvrir entre la Palestine et la France, le temple de Jérusalem et celui de Figeac.

Évidemment, en 1672 le Séminaire est déjà fondé, et plusieurs de ces prêtres sont professeurs. De nouveaux noms apparaissent chaque année : Born, curé de Saint-Martin de 1676 au siècle suivant, et aussi prêtre du Puy, signe à tout instant les actes; Caniac, Rous, Delcros, Dardes, Rouquet, Lagarrigue, Marcenac, Guary,

1. Empruntés jadis à Mlle Anne de Marsinhes, dont Mlle de Lacaze est héritière.
2. Voir le texte de l'accord aux Archives de l'Hospice.

Moulayrès, Constant, Martinet, Lalo, Pomarède, de
Blanchefort, Poujoulet, Aymar, Sourdès, d'Anglars,
Picard, Duguès, Viala, Castanhé, Mirou, Bilis, Viguié,
Teulié, Basilières, Pons, Gransault, Lacaze, lecteur
(professeur) de philosophie; Bramarie, ancien recteur
de Cuzance; Lacoste, Darouch, Félines, Ferrières,
Rouzet, Gensac, Daumès, Boudet, Belvezet, Laviguerie.
Rossignol; Pinquié, vicaire; Alary, de Lavaur, Perrin.
Doumergues, Sabatié, Delbos, Lacroix, Bernet, Boyé,
vicaire de 1689 à 1699. C'est lui qui a rédigé l'acte de
décès de M. de Laborie; il était en même temps curé
de Salvagnac.

De Blanchefort était prieur de la Capelle en 1688;
Pomarède fut un des directeurs du Séminaire; Caniac
était prieur de Saint-Simon, mais résidait à Figeac;
Pierre Rouzet, déjà diacre, signe comme témoin le
testament de son grand-oncle François Rouzet, prêtre
retiré auprès de ses neveux, dont l'un est conseiller à
la cour, l'autre docteur en médecine. Il est déjà prêtre,
un mois après, à l'ouverture du testament (septembre
1690). Il sera missionnaire, vicaire de Fons, et prieur
du Puy, après M. Reynal.

Un prêtre retiré à Figeac représente encore cette
noble famille de Rouzet, et lui aussi a eu son grand-
oncle prêtre, mort curé de Sainte-Colombe.

F. de Lavaur reçut en 1675, de Mlle Louise de
Legibus, veuve d'Antoine de Lavaur, avocat, le titre
de la chapellenie de Mayzières, vacante par le décès
de Jean-Paul de Lavaur, dernier titulaire. Estève de
Legibus habitait comme propriétaire, avec sa fille et
son gendre, une maison appartenant aujourd'hui à

Mme veuve de Boutières, née de Pezet, dans la rue Droite, maison dont l'auteur de ces lignes est locataire depuis vingt ans. Anne de Legibus, demoiselle de Lasfargues, sœur de la précédente (Louise de Legibus), avait épousé le seigneur de Broussolles : par elle la maison alla aux Dufau de Broussolles, et par ces derniers aux de Pezet[1].

Remarquons surtout M. Sourdès. Il est de Figeac, Claux et rue Droite, enfant d'une famille ancienne célèbre par sa poterie d'étain. Né le 23 juillet 1660, de Jean Sourdès, marchand (étamier), et de demoiselle Catherine de Bonneville, mariés, il eut pour *parrin* M. Pierre-Mathieu (Sourdès), curé de Reyrevignes, et pour *marrine* demoiselle Cécile de Bataille. Il reçut au baptême les prénoms de Jean-Mathieu.

Jean-Mathieu Sourdès fit toutes ses études au Séminaire de Figeac, tant ses études théologiques que ses études littéraires. En 1685, il signe, comme témoin aux actes, « Sourdès, diacre »; en 1687, « Sourdès, vicaire ». Il reste au Puy, fidèle à la communauté, se livrant surtout à la prédication au dehors, aux missions. En 1710, il signe la préface du *Flosculi notitiæ Figeacensis, auctore Figeaceno,* dont il est l'auteur, imprimé à Villefranche en 1712 : J.-Math. Sourdès, Miss. Il est curé de Saint-Martin en 1720, d'après les registres de catholicité de cette année ; mais ils sont si incomplets qu'ils ne sauraient nous apprendre ni depuis combien de temps il est curé, ni combien de temps il est resté à la tête de cette paroisse. Les minutes des notaires vien-

---

1. Registres de catholicité et minutes de notaires.

dront à notre aide : dans certains actes de 1703, il est qualifié de syndic du Séminaire ; dans d'autres de 1704, il est déjà curé de Saint-Martin. Il était donc curé depuis six ans en 1710, quand il signait encore « Sourdès, missionnaire » : il en avait le droit, nous le verrons tout à l'heure. D'après la table générale des décès[1], il mourut le 9 avril 1736, toujours curé de Saint-Martin. On ne saurait dire où il fut enseveli : les registres de cette année n'existent ni à la mairie ni au greffe du tribunal.

Outre le *Flosculi,* M. Sourdès a écrit, en français, une lettre destinée à établir la *prééminence de l'abbaye de Figeac sur celle de Conques* et, en latin, un *Specimen vitæ dom. Antonii Deboria pastoris Figeacensis,* piqûre in-32, imprimé à Aurillac en 1709, non signé, mais évidemment de lui, tant les preuves intrinsèques sont nombreuses et évidentes. Le *Flosculi* est un résumé succinct de l'histoire plutôt du monastère que de la ville ; le *Specimen vitæ,* la traduction d'une oraison funèbre déclamatoire, sans détails précis, ni ordre, ni dates. Qu'il écrive l'histoire du monastère ou la vie de M. de Laborie, il déclame toujours, mais son style n'est pas sans mérite : il est concis, nerveux, étudié. Les petits livres de M. Sourdès sont précieux à cause des faits qu'ils nous transmettent, quelque incomplets qu'ils soient. Il n'y a pas à les réimprimer : tout ce qu'ils ont d'utile est reproduit dans les *Annales* de M. Debous.

Un codicille du testament de M. Puniet, déjà nommé

---

1. Archives de la ville.

avec éloge quelques pages plus haut, a ici sa place
pour éclairer l'œuvre des missions d'un dernier rayon
de vive lumière. « Je confirme la fondation déjà faite
de cinq cents livres de rente annuelle, au moyen d'un
capital de dix mille livres, en faveur de deux ecclésiastiques qui seront obligés de faire les missions,
pendant quatre mois de l'année, dans les endroits où
Mgr l'évêque de Cahors voudra les envoyer. J'ajoute
encore deux mille deux cents livres placées à rente,
mille sur Lasfargues, et douze cents sur les villages de
Mauriat et de Grimandens de Fourmagnac. Je confirme le choix que j'ai déjà fait de MM. Jean-Mathieu
Sourdès et Pierre Rouzet, prêtres, pour continuer
pendant leur vie lesdites missions, suppliant pour
cet effet Mgr l'évêque de Cahors d'approuver mon choix
et de les y confirmer, à moins qu'ils ne se rendent
indignes. Lesquelsdits Sourdès et Rouzet jouiront annuellement du revenu de cinq cents livres, deux cent
cinquante chacun, leur vie durant, tant qu'ils feront
lesdites missions.

« Au cas où ils tomberaient dans quelque maladie
qui les mettrait dans l'impossibilité de continuer, ils
jouiront quand même de cent livres de rente chacun.
S'ils reçoivent un bénéfice qui les oblige à la résidence,
je veux que d'autres soient désignés par les directeurs
du Séminaire et, à leur défaut, par lesdits Sourdès et
Rouzet eux-mêmes, du consentement de Mgr l'évêque.
Après leur décès, je veux que le Séminaire continue de
jouir de la rente entière, à la charge par lui de présenter audit seigneur évêque de Cahors ou à ses successeurs trois ecclésiastiques propres aux missions,

pour être examinés et approuvés et continuer de faire les missions à perpétuité[1]. »

M. Puniet dote trois ecclésiastiques pour les missions, mais un bien plus grand nombre étaient employés à ce ministère.

1. Minutes de Pomel, chez M. Granié, notaire, 1702.

CHAPITRE IX

M. DE LABORIE SUPPORTE LES ÉPREUVES AVEC COURAGE.
LE BON-PASTEUR, LA MAISON DE PIÉTÉ

Croire que M. de Laborie put multiplier ses œuvres, accroître le bien, humilier le vice et rendre partout la vertu prospère et triomphante, attirer la population à l'église et l'amener à la fréquentation des sacrements et à la pratique des vertus chrétiennes, arracher les jeunes filles aux amusements mondains et au désordre, et rendre les pères, les mères, les patrons plus sévères à l'égard de la folle jeunesse ; tonner sans cesse du haut de la chaire contre les abus toujours renaissants, sans exciter des mécontentements, sans s'attirer la haine des méchants et l'animosité irréfléchie de la populace sotte et canaille, serait peu connaître la nature humaine et moins encore l'histoire de toutes les réformes.

Saint Jérôme lui-même, quand il voulut révéler aux nobles matrones de la vieille Rome et aux ardentes filles des patriciens les beautés et les joies toutes célestes de la piété, de la mortification, de l'abnégation et de l'humilité chrétiennes, souleva contre sa personne une tempête redoutable de calomnies et d'injures. Il

prit la plume pour se défendre et répandit des bro-
chures sans réussir à calmer les passions surexcitées.
M. Olier, réformant Saint-Sulpice, souleva contre lui
une sédition qui fallit lui coûter la vie. M. de Laborie
fut également poursuivi par la calomnie et l'injure : il
les laissa passer et resta ferme à son poste. Les criti-
ques amères, les embûches, la moquerie, la persécution, le trouvèrent froid et impassible, et il continua ses
œuvres sans s'occuper du bruit. Il était calme à ce point
que son premier regard rendait le rire à ses amis
attristés qui lui apportaient leurs condoléances, et, content de souffrir pour son Dieu, il traitait avec une bienveillance extrême ses détracteurs et ses calomniateurs.

Au reste, il grandissait dans l'estime publique à mesure que la malice des hommes s'acharnait contre lui,
tant il était évident pour tous que la cause de ce tumulte
provenait de ce que presque partout, en ces temps
malheureux, les pasteurs des âmes étaient sans zèle,
sans autorité, sans honneur parfois, laissant à l'aise les
viveurs et les hérétiques, tandis que notre prieur leur
faisait une guerre acharnée, qu'il tenait haut le drapeau
de la vertu, de la fidélité au devoir, du zèle pour Dieu,
et qu'il était en toutes choses l'âme du bien parmi ses
paroissiens, et, au dehors, le parfait modèle du clergé.

C'est avec une admirable patience et un indomptable
courage qu'il défendit son peuple contre l'invasion du
vice et de l'erreur. De son temps, les crimes, les fac-
tions et l'hérésie s'étalaient partout : il lutta contre eux
par l'exemple, par ses écrits et par la parole, et, au
besoin, par l'autorité de l'évêque et du roi, auxquels il
dut parfois recourir pour tenir en respect les débau-

chés qui de force voulaient renverser les obstacles opposés par lui à leurs excès, ou les hérétiques qui se mêlaient subrepticement à son troupeau de fidèles pour mieux entraver son action.

Il fut plus fort qu'eux; et s'il eût été moins humble, il eût pu se rendre le témoignage qu'il avait régénéré Figeac, et même s'approprier ces paroles attribuées à saint Grégoire le Thaumaturge : « Grâces à Dieu soient rendues : j'ai trouvé en arrivant dix-sept fidèles dans la ville, je ne laisse en mourant que dix-sept infidèles. »

En toutes ses entreprises il comptait pour peu le bien opéré, pour beaucoup sa durée et sa permanence, même après qu'il ne serait plus là pour le soutenir de ses efforts et de son zèle infatigable. C'est pourquoi nous trouvons tant d'établissements utiles qui lui ont survécu. La persécution dont nous venons de parler lui venait surtout des viveurs, parce qu'il assainissait les mœurs; des hérétiques, parce qu'il affaiblissait la secte par de continuelles conversions. Aux bavardages des premiers il répondit par le *Bon-Pasteur;* aux sourdes menées des seconds, par l'établissement de la *Maison de Piété.*

Pour ces établissements, il employa son fidèle et dévoué M. Paul Boutaric, son vicaire depuis plusieurs années pour le travail de la paroisse, le syndic ou économe de son séminaire, et se déroba autant qu'il le put derrière lui.

A l'est de l'hospice Saint-Jacques il existait une masure dépendante de l'Hospice, dont les consuls avaient fait une *maison de force,* un violon, comme on dirait aujourd'hui, où ils enfermaient pour un temps les filles ou femmes légères par trop oublieuses des règlements ; mais elles redoutaient peu la sévérité des consuls, certaines de retrouver bientôt leur liberté par la connivence des gardiens. On appelait parfois cette maison le *Refuge*, mais improprement, puisque personne n'y entrait de bonne volonté ni dans l'intention d'y séjourner, et qu'il n'y avait d'ailleurs personne pour y recevoir les filles dévoyées désireuses de rentrer dans la voie du devoir, les encourager et les aider à persévérer dans leurs généreuses résolutions. M. de Laborie entreprit de compléter et de rendre utile cet établissement, qui dans son état actuel ne servait nullement la cause du bien.

Il rencontra un mourant de bonne volonté, peut-être un parent de son fidèle vicaire, M. François Boutaric, marchand et banquier, qui par testament donna trois cents livres à l'Hospice pour augmenter le Refuge et, dans le cas où les administrateurs ne voudraient pas entrer dans ses vues, pour une autre bonne œuvre, à l'exclusion absolue des pauvres de l'Hospice.

Les administrateurs de l'Hospice entrèrent dans les vues du défunt et du prieur du Puy, et s'engagèrent à construire une maison commode pour enfermer les femmes malvivantes, autant et ainsi qu'il paraîtra nécessaire aux consuls (20 juin 1670). Ce n'était pas précisément ainsi que le comprenait M. de Laborie ; mais il accepta cette première concession, persuadué qu'il saurait bien en obtenir d'autres quand le moment serait venu.

Les constructions furent faites en 1673, et ce ne furent pas de simples prisons, comme avaient paru le comprendre d'abord les administrateurs ; il y eut sans doute des salles pour les pensionnaires, mais aussi des loges ou chambres pour les pieuses filles ou veuves qui seraient chargées de l'administration du nouvel établissement, en même temps que du soin de tous les pauvres de l'Hospice. C'est une idée nouvelle qui se fait jour : jusque-là l'Hospice était aux mains des mercenaires; les nouveaux employés, renonçant à tout, en dehors de la nourriture et de l'habillement, seront là à vie par pur dévouement et esprit de charité. La maison de force deviendra un vrai refuge où les pauvres égarées, recueillies avec amour, seront encouragées à rentrer et à rester librement, non plus par violence et par force comme auparavant, pour renoncer à la vie désordonnée et redevenir vertueuses et pieuses.

C'est si bien un établissement nouveau, que notre prieur crut nécessaire de s'adresser à Mᵍʳ de Sevin pour être autorisé à faire la fondation, et au roi pour obtenir des lettres patentes en vue de donner à cette fondation une existence régulière civile et légale. L'autorisation de l'évêque ne se fit pas attendre, et les lettres du roi furent concédées en avril 1673, quand les constructions étaient à peine commencées.

Dès que les réparations furent terminées, M. de Laborie se hâta d'organiser l'établissement selon le dessein qu'il avait conçu et longuement mûri. Où trouvera-t-il le personnel nécessaire pour administrer à la fois son Refuge et l'Hospice ? Toutes les anciennes congrégations de femmes étaient cloîtrées; et si déjà il s'établissait en divers lieux des congrégations séculières, devenues depuis si nombreuses, elles étaient alors trop nouvellement fondées et trop pauvres de sujets expérimentés et sûrs, pour les envoyer au loin fonder des colonies, quand la maison mère suffisait à peine aux entreprises pour lesquelles elle avait été directement fondée. Notre prieur ne dut donc compter que sur lui-même; il chercha autour de lui, et il trouva de pieuses filles et de saintes veuves qui se consacrèrent pour toujours au service des pauvres et consentirent à vivre de la vie commune sous la règle qu'il leur donna. On les appela les *sœurs du Bon-Pasteur*.

Parmi elles se trouva Mlle de Joly, fille de M. de Joly, conseiller à Villefranche-de-Rouergue, mais mariée à Figeac et veuve du sieur Alary, bourgeois, dont le nom va revenir un peu plus loin.

Les viveurs jetèrent feu et flamme et firent rage contre la nouvelle maison. Ils ne se contentèrent pas de déblatérer contre le fondateur, qui n'eût eu garde de s'en plaindre, mais ils s'en prirent même aux saintes femmes qu'il y avait placées, s'efforçant de les décourager par injures, railleries, embûches et tapage nocturne.

M. de Laborie sentit le coup plus vivement que s'il avait été dirigé contre sa propre personne. Dans ce cas, il se fût contenté d'en rire; mais pour défendre les saintes filles du Refuge, il s'y prit autrement. Il provoqua une réunion des administrateurs de l'Hospice, à laquelle il assista entouré des autres curés de la ville. Le président rappelle que, « pour mettre fin aux débauches et scandales trop fréquents en cette ville, occasionnés par filles et femmes prostituées et continuels maquerellages, il a été établi un Refuge par l'autorité du roi; mais que le fonctionnement rencontre de graves obstacles, qui pourraient mettre l'établissement en péril »; et comme ce serait très préjudiciable, il demande qu'on cherche remède au mal. Il fut délibéré que, « attendu que les œuvres de cette nature, qui regardent la gloire de Dieu et le salut des âmes, souffrent d'ordinaire des contradictions de la part du monde; qu'il est très important que la maison du Refuge ne soit pas exposée à la témérité des gens vicieux; pour empêcher le retour de récents attentats, Mˢʳ l'intendant sera prié, de la part des curés de la ville, d'obtenir :

« 1° Que la maison et les filles ou veuves qui y travaillent à la conversion et résipiscence des personnes enfermées et au soin des pauvres de l'Hôpital, soient sous la sauvegarde du roi;

« 2° Qu'un officier civil soit nommé tant pour la capture des personnes scandaleuses, que pour la protection efficace des personnes dévouées à leur service.

« Délibéré encore que, pour fermer la bouche aux malintentionnés qui trouvent là occasion de critique, il sera pourvu à toutes les dépenses afférentes au Refuge par autres fonds que ceux des pauvres. » (30 mai 1676[1].)

L'aumônerie de l'établissement ne fut pas confiée au commandeur (aumônier de l'Hôpital), qui était alors M. Andrieu, curé de Saint-Thomas, mais à M. Boutarie du Puy, qui fut même nommé supérieur.

Entrant dans l'esprit de la précédente délibération, la demoiselle de Joly, veuve Alary, donna par testament tous ses biens à l'Hospice, non pour les pauvres ordi-

1. Archives de l'Hospice

naires, mais pour l'agrandissement ou la subsistance du Refuge. M. Boutaric, comme supérieur, fut autorisé à recueillir la succession à la mort de la testatrice, en 1679, mais à la condition que si l'établissement cessait de fonctionner, tous ses biens meubles et immeubles reviendraient à l'Hospice. Des jardins furent achetés sur la rue qui du faubourg d'Aujou descend au pont du Gua ; les consuls accordèrent un vieux cimetière attenant au Refuge. M. Boutaric put donner à sa maison de l'air et de l'espace et lui laisser encore un commencement de dotation pour sa subsistance.

Les consuls avaient la police du Refuge, et les gens de la cour ne pouvaient pas intervenir contre leurs décisions. Il y eut des conflits ; et quatre hommes, un jour, porteurs de papiers émanant d'un juge de Villefranche, forcèrent les portes pour délivrer une femme enfermée par ordre des consuls. Ceux-ci, avertis, la firent appréhender à l'auberge où elle avait été conduite et ramener à son domicile forcé. Ils obtinrent, en 1695, une ordonnance de Mgr l'intendant de la généralité, portant que les officiers de la cour ne pourraient prendre connaissance ni juridiction des affaires du Refuge ou de la Maison de Piété, dont nous allons parler, sous peine d'une amende de quatre mille livres.

A peine cet établissement était-il assuré, que M. de Laborie s'occupa d'un second, la *Maison de Piété*. Il avait déjà pris ses mesures et fait demander par Mgr l'Évêque des lettres patentes au roi. Ces lettres, autorisant, pour Cahors et pour Figeac, la création de maisons servant d'asile aux filles et femmes séculières (protestantes récemment converties), sont du mois de mars 1679. Toutefois la fondation ne fut faite qu'en 1683, après que toutes les réparations afférentes au Bon-Pasteur eurent été terminées. La nouvelle maison fut encore confiée à M. Boutaric.

Celui-ci se présenta donc devant les consuls et leur exposa que « beaucoup de femmes et de filles de la religion prétendue réformée désiraient rentrer dans la religion catholique, et n'osaient pas se déclarer ouvertement, dans la crainte de ne pas trouver de retraite après leur conversion et de tomber dans la misère si les parents, après leur abjuration, ne voulaient plus les supporter auprès d'eux ni leur accorder les secours qu'ils leur doivent ». Il rappela également qu'il avait déjà construit un Refuge sur les terrains de l'Hospice, ou sur les jardins par lui achetés à cet effet, ou sur le cimetière par eux jadis concédé, et il offrit de continuer de construire à côté du Refuge, sur le restant des jardins déjà achetés, ou sur d'autres qu'il achèterait encore, et d'établir en cet endroit une *Maison de Piété*, pour donner asile et sécurité aux nouvelles converties. Les consuls reconnurent l'utilité de cette œuvre et donnèrent à M. Boutaric toutes facilités pour l'exécution de ses projets, à la condition cependant qu'ils n'auraient pas à contribuer à la dépense (3 août 1683[1]).

Une double pensée de charité corporelle et spirituelle avait inspiré cette œuvre. Il fallait évidemment mettre les nouvelles converties à l'abri du besoin ; il fallait aussi, et surtout, il fallait les instruire. Pendant quarante-six ans l'erreur avait été semée dans les âmes :

1. Archives de la ville. Délibération des consuls.

elle y avait germé, et il était difficile de l'extirper. La
génération présente avait été élevée dans l'hérésie, et
n'avait cessé d'entendre, dès sa naissance, l'apologie de
la réforme et la réprobation du catholicisme. Quand
les hommes revenaient à la vraie foi, les prêtres
du Séminaire étaient là pour les instruire ; mais les
femmes, elles, raisonnent moins qu'elles ne sentent, et
le cœur chez elles, d'ordinaire, entraîne l'esprit. Il fallait des paroles de femme, des attentions de femme,
pour aller au cœur des nouvelles converties et les disposer à l'intelligence du vrai et du bien. Il fallait enfin
à ces catéchumènes un long contact avec des femmes
de sens et de piété, pour se former peu à peu, par les
détails de la vie et les conversations quotidiennes, aux
habitudes franchement chrétiennes et au sentiment
intime, comme instinctif, des convenances et du devoir,
pour assurer la persévérance et faire disparaître jusqu'aux cicatrices d'un mal invétéré. Ce rôle bienfaisant
fut confié aux *Filles de Piété,* c'est-à-dire à des femmes généreuses et dévouées, qui s'attachèrent à cette
œuvre, sous l'autorité d'une règle approuvée et d'un
supérieur vigilant. Ce furent encore des religieuses
séculières, comme les sœurs du *Bon-Pasteur,* comme
les *demoiselles des Écoles chrétiennes,* dont nous n'avons
pas encore parlé, et qui sont pourtant à la tête de leurs
écoles, au haut du Claux, depuis 1670.

Le Refuge et la Maison de Piété étaient contigus ;
les sœurs des deux maisons n'avaient qu'un même
fondateur, un même supérieur, une même règle : elles
durent vivre ensemble et se séparer seulement pour
aller chacune à son office. Une confusion se fit dans

les esprits. On ne vit là qu'un seul établissement à œuvres multiples, qu'on appela tantôt le Refuge, tantôt la Maison de Piété, mais qui était l'un et l'autre, chaque œuvre ayant sa raison d'être, son objet distinct et son existence légale propre.

La Maison de Piété fut appelée par le peuple l'*hospice des mal mariées,* et ce nom passa même dans les documents écrits. Quand il n'y eut plus de mal mariées, ou, ce qui revient au même, quand il n'y eut plus de protestants en ville, il fut demandé qu'une autre destination fût donnée à cet établissement. Comme cependant il avait d'assez belles rentes, il fut maintenu jusqu'à la Révolution pour patronage, orphelinat, et autres œuvres de charité spirituelle.

En 1699, à la mort de leur fondateur, les Filles de Piété étaient au nombre de sept : Jeanne de Cabridens, directrice; Françoise de Domergues, Catherine Salomé, Marguerite Lacoste, Catherine Jurquette, Guillaumette de Daujou et Marianne de Fages.

CHAPITRE X

L'exposé des soins que M. de Laborie donna d'abord
à l'édifice spirituel nous a entraînés un peu loin : nous
devons revenir en arrière, pour le voir maintenant
occupé à la restauration du temple matériel ; mais
avant d'entrer dans le détail de travaux longs et coûteux, il sera bon de jeter un regard d'ensemble sur
l'édifice lui-même et l'état où il se trouvait, soit avant,
soit après 1622. Nous nous intéresserons davantage
ensuite à son relèvement et à sa restauration.

Ce que fut l'église primitive du Puy, nous ne saurions le dire, sinon qu'elle fut romane et décorée de
fines sculptures, s'il faut en juger par des débris employés en blocage dans la construction des murs actuels.
Elle dut être rebâtie du dixième au douzième siècle, et
cette fois selon la forme typique des basiliques carlo-
vingiennes : nef centrale, bas côtés, exèdre, absides
semi-circulaires, narthex et portique.

Pour tracer les absides, le maître de l'œuvre, avec
une ouverture de compas de 90 pouces ($2^m,52$) forma,

au-dessus d'une ligne droite prise pour base, trois demi-cercles tangents, qu'il enferma dans un quatrième trois fois plus grand. Les petits demi-cercles du nord et du midi sont le pourtour extérieur des absides. Il réunit par une ligne droite le centre de chaque abside au sommet du grand demi-cercle, formant ainsi, avec la ligne prise pour base des opérations, un triangle qui va être d'un merveilleux secours. Du centre de ce triangle, c'est-à-dire du point d'intersection des perpendiculaires abaissées du milieu de ses côtés, un cinquième demi-cercle est décrit, tangent aux côtés du triangle, ou ayant les perpendiculaires elles-mêmes pour rayon : c'est le pourtour extérieur de l'exèdre ou de l'abside centrale. Si le triangle, pivotant sur sa base, se relève jusqu'à la normale, il servira, par le prolongement de ses côtés, à déterminer la hauteur des colonnes et des voûtes ; si, continuant sa révolution, il vient de nouveau se reposer sur le pavé, il formera avec sa position première un losange qui, deux fois répété, fixe exactement la place du jubé et de la tribune, la place de la porte latérale, au midi, la naissance du narthex et enfin la longueur totale de l'édifice.

Trois rosaces répondent aux trois nefs sur la façade. Elles sont aux trois angles d'un carré dont le quatrième est au centre des arcatures de la grande porte de l'ouest. Cette façade n'est pas celle de la basilique ; elle fut construite au quatorzième siècle, en avant du portique.

Le Chapitre, alors église du Monastère, ayant été rebâti peu de temps après, en style roman, sur le mo-

Exèdre
de la
Basilique primitive

Rétable

Autel

Sanctuaire

1re Ste Table

Chœur

2e Ste Table

Nef

Orgue

Orgue

Tribune
des Pénitents

Sacristie

Ancien bras de Croix

Ancien bras de Croix

Église actuelle de **NOTRE-DAME DU PUY** . Echelle 1 à 400

dèle de Conques, et sous l'inspiration des architectes
de Cluny, reçut deux grands bras de croix, qui jusque-
là n'étaient pas en usage, et un dôme sur pendentifs
au-dessus du transept.

Le Puy, ne voulant pas rester en arrière, se donne
à droite et à gauche de sa basilique des bras de croix
à deux travées où l'ogive commence à paraître, et aussi
un clocher au-dessus du transept, dont la porte est
encore visible dans le gros pilier à côté du lutrin. C'est
ce qui fait dire à M. Sourdès, dans le *Flosculi*, qu'il
fut un temps où l'église du Puy représentait exactement la forme de celle du Chapitre.

Quelques riches familles furent autorisées à ajouter,
avec tombeaux dans les murs, deux chapelles romanes, l'une au nord, l'autre au midi, à côté des absides,
laissant un espace vide de trois ou quatre mètres entre
elles et les bras de croix. L'église acquit ainsi pour
quelque temps la forme de la croix patriarcale à deux
croisillons ou quatre bras de croix. Puis deux petites
chapelles ogivales furent construites à l'ouest des bras
de croix, et quelques autres peut-être encore, toujours en allant vers l'ouest.

Ainsi était ce grand édifice en 1372, quand les routiers au service de l'Angleterre s'emparèrent de la
ville, comme il a été dit, et la détruisirent, ne laissant
aucun monument intact, sauf la halle, sous laquelle
sans doute s'abritait le corps de garde. Cet unique
reste de la vieille ville, qui ne manquait pas de cachet,
avec sa toiture en éventail et ses arceaux de pierre
partant presque de terre, tant les piliers, dans l'un
desquels était le siège du carcan, étaient enfouis par

6

l'exhaussement du sol, a disparu, il n'y a que quelques années, pour faire place à une halle de fer plus spacieuse, plus aérée, mais cent fois moins intéressante pour l'archéologue.

Les églises ruinées furent restaurées dans le goût de l'époque et reçurent un couronnement gothique sur des bases romanes. L'église du Puy subit alors une transformation qui en fit une église nouvelle, toute différente de l'ancienne. Les piliers qui séparaient la nef des bas côtés furent supprimés, à l'exception des deux qui étaient immédiatement en avant des absides et des deux du narthex, qui devaient supporter le nouveau clocher à l'entrée de l'église ; encore même ces derniers furent-ils démolis et rebâtis. Entre les deux premiers fut construit un mur qui intercepta la nef, cacha l'exèdre aux regards et supporta le grand pignon qui, au dehors, termine la toiture de la haute nef. Tous les arceaux au-dessus des piliers furent rebâtis en ogive plus ou moins prononcée, selon l'écartement des piliers ou la largeur des chapelles, de sorte que tous les sommets atteignent une ligne droite, oblique ou horizontale, destinée à ramener à l'unité tout un nombre d'éléments disparates. Au-dessus de ces arceaux, une unique voûte couvrit le large espace occupé précédemment par les trois nefs, ou la nef et ses bas côtés. Des chapelles on ne garda que les murs extérieurs ; les murs perpendiculaires à l'axe de la nef furent remplacés par des arcs-doubleaux. Les murs extérieurs des chapelles furent continués là où ils n'existaient pas tout le long de la nouvelle nef, au nord et au midi ; les longs couloirs furent voûtés, et la nouvelle église eut encore une large nef, avec ses bas côtés formant tout autour un péristyle commode pour les mouvements et les processions intérieures. Enfin un grand clocher gothique de neuf mètres de façade au nord et au midi, de six à l'ouest et à l'est, fut élevé au lieu qu'occupaient précédemment le narthex et le portique, avec porte monumentale à l'ouest. Le clocher du transept resta supprimé. Une seconde grande porte fut construite au midi, vis-à-vis l'arceau où était primitivement l'entrée de la basilique.

C'est cette église que les catholiques démolirent en partie en 1622. Toutes les grandes voûtes furent jetées à bas, ainsi que les voûtes des bas côtés ou chapelles du midi, et le clocher jusqu'aux grandes voûtes. La muraille de la grande nef et la muraille des bas côtés, au midi, furent également démolies depuis le bras de croix jusques à la façade ouest, et même en partie sur cette façade.

La première entreprise de M. de Laborie fut de tout remettre à neuf, à l'exception des grandes voûtes. Il ajouta même une chapelle souterraine au sud-ouest, pour la réunion des confréries. Cette chapelle n'était pas prévue par les premiers architectes, et les murs existaient jusqu'au niveau du pavé de l'église. Il fallut creuser à l'intérieur jusqu'aux fondements, à cinq mètres de profondeur, ouvrir à la pointe une porte et deux fenêtres dans l'épaisseur des vieilles murailles, et enfin construire une voûte en berceau dont l'extrados restât au-dessous du pavé supérieur.

La porte intérieure et l'escalier qui y conduit, en contournant les soubassements bruts d'un des grands piliers de l'église, qu'il fallut tailler sur place, n'ont été établis qu'en 1878. A cette même époque, le couloir extérieur qui partait de la rue fut transformé en citerne.

M. de Laborie se mit donc à reconstruire toutes les murailles ruinées du côté de la ville. Dès 1662 il s'occupait de ces réparations : on trouve, en effet, dans les testaments de cette époque de petits legs sans charges pour la réparation de l'église, et, cette même année, les consuls ayant reçu en restitution anonyme une somme de soixante livres, l'affectèrent à ces réparations. Il convient de dire qu'en cette circonstance ils se montrèrent larges, s'ils n'obéissaient pas plutôt à un sentiment de convenance religieuse, en donnant à Dieu ce que la crainte de Dieu leur avait fait recouvrer.

A cette époque, en effet, la ville était écrasée de charges et de dettes. Il lui restait encore à payer cinq mille livres d'emprunts contractés lors de la contagion qui l'avait affligée vingt-cinq ans auparavant, et depuis elle était constamment mise en frais par les exigences de la guerre qui était en permanence. Elle avait fréquemment à loger des compagnies de mousquetaires à cheval, dits dragons du régiment du Roi, des compagnies du régiment de Champagne, des cavaliers du régiment d'Harcourt, etc. Encore prenait-il fantaisie « aux officiers logés au cabaret de demander un logement chez les bourgeois, apparemment, dit naïvement le procès-verbal de la délibération, pour nous obliger à pourvoir aux frais de couvert, pot et feu et chandelles et nous accabler de dépenses excessives. »

De plus, les consuls soutenaient divers procès : contre le duc d'Uzès, à l'occasion des limites du taillable entre

Capdenac et Figeac; avec les *hostes*, en instance à Montauban pour n'avoir pas été suffisamment défrayés des dépenses faites pour les gens de guerre; avec d'anciens consuls, pour question de comptes; avec le syndic du couvent de Loc-Dieu, en Rouergue; avec les prêtres obituaires de la ville, parce qu'on avait, contre la coutume, imposé les rentes inhérentes aux chapellenies; avec M. Day, procureur à la cour; avec tel autre, à Paris, où ils envoyèrent M. Molé, leur avocat, qui dépensa trente livres pour se rendre à Brive, deux cents pour aller en poste de Brive à Paris, et vécut dix-sept jours à la capitale à raison de deux livres par jour.

Et encore les murailles de la ville étaient à réparer: la tour joignant la chaussée du moulin du Griffoul (terrasse de M. Carrayrou, avocat), minée par les eaux, menaçait de s'écrouler et d'écraser en même temps les murailles. A l'autre extrémité de la ville, une brèche s'était faite, en face de la maison Day, au-dessus de la porte Caviale, et il fallait la fermer, « attendu qu'on y passe nuit et jour et que c'est passage facile aux larrons ». Enfin les consuls recevaient pétition demandant que les tours de la porte du Griffoul, à cheval sur les fossés, fussent ouvertes par des arceaux, et qu'ainsi les fossés des Tours fussent mis en communication avec ceux d'Aujou, pour la commodité de toute la ville. Ils délibérèrent que les tours seraient ouvertes et que des pentes seraient établies à droite et à gauche du pont, pour descendre entre les grands murs du côté de la ville, et les murettes du côté de l'eau, dans les fossés, transformés en chemin public. Mal leur en prit,

6.

car une de ces tours, quelques années plus tard, s'écroula à trois heures de la nuit et écrasa une partie du pont, dont la réparation coûta cinq mille livres.

On comprend que le prieur du Puy était mal venu à demander des secours aux consuls pour la réparation de son église, et toutefois il recevait d'eux, depuis le commencement, une somme annuelle de trois cents livres.

En 1664, l'année que les consuls supplièrent Mgr de Sevin de laisser à Figeac le sieur Tarrisse, vicaire, il leur demanda la pierre d'une ruine qui existait alors et qui avait servi de chapelle pour les malades, peut-être la chapelle de la Maladrerie. Il lui fut répondu qu'il pouvait en prendre les deux tiers, laissant l'autre tiers pour l'Hospice [1].

Les murs de l'église, à ce moment, allaient être prêts à recevoir les voûtes des bas côtés ou chapelles du midi. Dès le mois de janvier, Guillaume Peyrières, marchand et marguillier du Puy, avait traité avec Antoine Salgues, maître maçon; Despous, maçon; Ramond Monteil, terrassier, de Puy-de-Corn, pour l'extraction de la pierre de *truffe* (tuf) nécessaire pour les voûtes. « La pierre devra avoir un pied de roi de lit, être équarrie et être mise en ordre hors du lit du ruisseau, qui est entre les villages d'Embals et de la Pasquie, dans la paroisse de Saint-Félix, pour la somme de deux livres la canne carrée. L'extraction sera terminée avant la fête de Pâques; les marguilliers feront

---

1. Pour ce détail et ceux qui précèdent, voir les Archives de la ville.

faire les transports à leurs frais, comme bon leur semblera [1]. »

On allait doucement : en 1667, on continue encore de construire ou de couvrir ; mais le subside des consuls fait défaut, et on n'est pas en état de payer la grosse main-d'œuvre. Ce subside annuel était, en effet, pris sur la taxe de la viande ; mais cette taxe fut abolie, par mesure générale, vers la fin de 1666, et par la force des choses le subside fut caduc. M. de Laborie s'adressa au roi, lui demanda qu'une somme de quatorze cents livres lui fût accordée sur le produit des tailles de l'année suivante, et qu'ordre fût donné aux consuls d'avancer sans retard, comme somme à valoir, trois cents livres nécessaires pour le règlement des dépenses faites. La demande fut favorablement accueillie, et Mgr l'intendant fit connaître aux consuls les intentions du roi [2].

En 1669, les réparations entreprises touchaient à leur fin : « La grosse cloche se trouva rompue par l'injure du temps ou autrement. » On venait sans doute d'achever le relèvement du clocher, et il lui fallait une voix vibrante et jeune comme lui. Hélas ! on avait usé d'économie : au lieu de neuf mètres, dans le sens de l'axe de la nef, il n'en avait plus que six ; trois étaient restés au niveau des voûtes ; les ouïes furent taillées sans moulures et sans intention de style, la toiture fut basse et informe.

Les marguilliers allèrent donc trouver les consuls et

1. Minutes de Pomel, notaire.
2. Archives de la ville, pour ce fait et autres qui vont suivre.

leur dirent : « La cloche ne se faisant plus entendre, on ne sait plus à quel moment l'office commence; on le manque ou on arrive tard. » Puis ils représentèrent qu'il y allait de la gloire de Dieu et du salut des âmes, et enfin, voulant pourvoir à la réfection de cette cloche et en augmenter le poids, ils demandèrent deux vases de métal « remis à la maison consulaire par saisie, faute à certains habitants de payer leur cote au rôle des tailles. » Les consuls accordèrent les deux vases, à condition qu'ils seraient pesés et estimés, pour venir le prix en déduction de la dette des taillables. « Tous deux, avec leurs anses de fer, ont pesé trois quartiers de quintal moins une livre. Pesé au poids de la ville, dans l'*asle du Froment*, par Gabriel Gary, fermier dudit poids. »

En voyant cette intrépidité du prieur du Puy à réparer son église, le chanoine Ducros multipliait ses objurgations à ses collègues du Chapitre, en vue d'obtenir la réparation de la collégiale. « Les Juifs, disait-il, écoutèrent leurs prophètes et rebâtirent leur temple ;... les abbés et les chanoines de Figeac n'ont pas de prophètes, mais ils ont entendu tous les prédicateurs qui sont montés sur la chaire de leur église, et ils sont restés sourds! Un homme de Dieu m'a souvent dit : « Tous les malheurs qui tombent sur cette ville viennent « de ce que cette église n'est pas rebâtie. Elle n'a pas « même de tabernacle, ni par conséquent la présence « réelle du Dieu qui la consacra visiblement. » Nous sommes bien logés, nous chanoines, superbement meublés, dépouillant les autels pour nous couvrir : *fecerunt eam desertam*. David, entendant les railleries des mé-

chants, s'abreuvait de ses larmes nuit et jour, quand ils
lui disaient : « Où est ton Dieu? » *Fuerunt mihi lacrymæ
meæ panes die ac nocte, dum dicitur mihi quotidie : Ubi
est Deus tuus?* Tous les étrangers qui entrent dans cette
église nous font la même question, et nous sommes de
marbre! » Une note postérieure, écrite en marge,
apprend que le tabernacle fut posé peu de temps après.

Le zélé chanoine gagnera sa cause enfin, mais il ne
sera pas témoin de sa victoire. On va essayer, dès 1675,
de faire des fonds, mais sans réussir. Les consuls, d'a-
près l'abbé, étaient tenus de faire les charrois et la
main-d'œuvre ; ainsi les choses s'étaient passées en 1625 ;
mais cette fois ils offrirent six cents livres en trois ans,
ou neuf cents en six ans, et prétendirent n'être tenus à
rien et avoir des titres qui les mettaient à l'abri des
exigences de l'abbé. De là des lenteurs qui firent traîner ces réparations en longueur. Ce n'est qu'en 1710
qu'elles laisseront entrevoir une église nouvelle sortant
de ses ruines, et le dôme ne sera terminé qu'en 1730.

Une fois toutes les chapelles voûtées au Puy et la
couverture posée sur toute l'église, le culte pouvait
être fait décemment ; les voûtes de la grande nef attendront vingt ans que leur tour arrive. M. de Laborie va
s'occuper des écoles.

CHAPITRE XI

Dès que M. de Laborie eut terminé les réparations les plus urgentes de son église et qu'il eut sous la main quelques prêtres instruits et dévoués, il songea à fonder un séminaire.

Jusqu'ici les jeunes gens qui se destinaient au sacerdoce étudiaient dans des écoles de leur choix ou dans les presbytères, et quand ils étaient en âge de recevoir les ordres, ils se présentaient à l'évêque munis de tous certificats utiles et demandaient d'être admis parmi les clercs. Ils subissaient un examen sévère, et, s'ils étaient trouvés suffisamment instruits, ils étaient ordonnés. La formation ecclésiastique de ces jeunes gens, élevés dans les écoles du siècle, laissait gravement à désirer, et c'est pourquoi le concile de Trente, en 1563, avait réglé que les séminaires ou écoles spéciales pour l'éducation des aspirants au sacerdoce seraient établis partout où il serait possible, à côté des cathédrales, des métropoles, des églises plus considérables, ou en tout autre lieu convenable choisi par l'évêque, et que dans ces

séminaires serait toujours un certain nombre de jeunes
gens pour y être nourris, religieusement élevés et formés à la discipline ecclésiastique. Pour être admis, les
enfants devront être âgés de douze ans révolus, issus
d'un légitime mariage et déjà formés à lire et à écrire
convenablement. Il faut de plus que, par leur caractère et leur bonne volonté, ils donnent l'espérance
fondée qu'ils se consacreront pour toujours au ministère ecclésiastique. Les pères du concile expriment le
désir que, de préférence (et gratuitement), soient admis
les enfants des pauvres ; mais ceux des riches ne doivent pas être exclus, pourvu qu'ils payent leur pension
et qu'ils aient le désir de servir Dieu et l'Église.

Pour être plus facilement formés à la discipline ecclésiastique, ils porteront toujours et dès le commencement la tonsure et l'habit ecclésiastique. Ils appren-
dront la grammaire, le chant, le comput ecclésiastique
et les autres arts et sciences utiles : l'Écriture sainte,
les livres ecclésiastiques, les homélies des saints, l'administration des sacrements, en particulier de celui de
pénitence, et les formes des rites et des cérémonies...

Telles sont les indications données par le concile.
Voici maintenant de quoi devait se composer un séminaire, d'après M. Olier[1]. L'évêque est le premier supérieur ; mais comme il ne peut pas résider dans le
séminaire, il doit y mettre des directeurs qui le représentent et tiennent sa place, et qui portent l'intérieur
admirable de l'évêque sous l'extérieur d'une vie com-

1. Mémoire communiqué aux évêques et imprimé.

mune. Il serait à désirer qu'ils renonçassent à leurs bénéfices pour ne s'occuper que de leur charge.

Outre les directeurs, il faut un certain nombre de prêtres toujours prêts à partir pour exercer leur ministère là où il plaira à Mgr l'évêque de les envoyer.

En troisième lieu, il faut des élèves en assez grand nombre, occupés à se former à la science et à l'esprit ecclésiastiques, sous la conduite des prêtres et des directeurs. Tel est l'idéal que M. de Laborie va s'efforcer de réaliser.

Son premier soin fut de chercher un local à côté de l'église du Puy. Il acheta et loua des maisons, en haut du Claux. Il acquit notamment certaines maisons dont il fit don plus tard aux écoles de filles, et celle qui appartient aujourd'hui au sieur Couderc, maçon, où les vicaires de la paroisse ont résidé pendant tout le dix-huitième siècle.

Puis il pensa à mettre la main sur le collège de la ville. Les régents n'avaient pas grand succès et faisaient le tourment des consuls, qui entendaient les plaintes des pères de famille et ne réussissaient pas à trouver des régents capables et attachés à leur charge. Dès le commencement de 1668, cette question avait été posée en assemblée : s'il faut retrancher des régents, vu la diminution de quatre-vingts livres de gages et vu notre profonde misère ? Et l'assemblée avait délibéré que deux seraient supprimés à la Saint-Luc (18 octobre), persuadée que trois feraient aussi bien que cinq, vu le petit nombre d'écoliers qu'il y avait au collège. M. de Laborie offrit de prendre l'enseignement à sa charge, et les consuls se hâtèrent de le lui concéder, à la condition que les gages donnés annuellement aux régents lui seraient comptés à lui-même et qu'il serait tenu de trouver et de mettre à la tête des classes des régents capables, approuvés par eux. Le contrat fut passé au mois de juin 1670 [1].

Quelques mois après, le 23 novembre [2], il fondait le Séminaire en nommant comme régents, à l'ouverture de l'année scolaire, des prêtres de sa communauté.

Les gages des régents lui parurent insuffisants : ils ne s'élevaient qu'à quatre cents livres, cent livres pour chacun. Le nouveau maître du collège demanda d'abord un subside au pays, à l'élection, et obtint une somme annuelle de deux cent cinquante livres. Puis, s'adressant aux chanoines, il demanda les revenus de la prébende de la préceptoriale, s'élevant à cent cinquante livres. Cette prébende, depuis longtemps vacante, allait grossir la caisse commune de la collégiale : il l'obtint non sans peine. Enfin, pour donner plus de solidité à ces diverses dispositions, il s'adressa au roi et demanda par supplique qu'il lui fût donné annuellement quatre cents livres par l'élection et quatre cents livres par la ville. Le roi fit droit à sa demande ; mais les consuls se fâchèrent et trouvèrent le procédé peu correct, vu qu'il leur appartenait à eux de fixer le gage de leurs régents. C'est justement ce que ne voulait pas M. de Laborie : il ne voulait pas être à la merci des consuls et voir ses ressources discutées tous les ans. Il se sauva derrière l'évêque, qui, faisant la chose sienne, renouvela en son

1. Minutes de Grant, notaire, aux archives du notariat de M. Austry.

2. Papiers de M. Greil, de Cahors, vus par M. Champeval.

nom la supplique au roi. Un décret en bonne et due forme fut signifié aux consuls, qui se soumirent, mais à la condition que les revenus de la préceptoriale entreraient en compte dans la part qui leur incombait. Ainsi les gages des régents restèrent définitivement fixés à la somme de huit cents livres.

L'enseignement fut bientôt organisé sur grande échelle. Le Séminaire et le Collège furent réunis de fait, non de droit, en un seul établissement où de nombreux professeurs enseignèrent la grammaire, les arts et les lettres depuis les plus basses jusqu'aux plus hautes classes.

L'école des régents ne fut pas supprimée pour cela ; elle fut transformée de fait en école primaire où les enfants restaient jusqu'à treize ans, ne pouvant pas entrer au séminaire avant cet âge. Le Séminaire, d'ailleurs, formait des maitres pour cette école.

« En 1690 et le premier jour du mois de mars, étant assemblés en communauté, au son de la cloche, M. Antoine de Laborie, docteur en théologie, prieur du Puy et supérieur du Séminaire ; Antoine Nevoltry, curé de Saint-Georges, syndic du Séminaire ; Exupère de Blanchefort, curé de Notre-Dame de la Capelle, et Géraud Pomarède, directeurs dudit Séminaire, faisant la plus grande et saine partie de la communauté, les autres étant absents,... a été proposé par ledit prieur que M. Jean Raymond, natif de la ville de Caylus, en Quercy, désire d'être reçu dans ladite communauté du séminaire, où il a vécu avec édification et où il est encore en état d'être promu aux ordres sacrés... Comme il n'a pas de titre clérical, l'assemblée, pour lever cet obstacle, lui assigne un revenu annuel de cent livres, comme le demande le droit canon, à prendre sur la somme de huit cents livres versée annuellement par MM. les consuls pour le traitement des régents du collège,... à la charge pour ledit Raymond d'être régent à telle classe dudit collège ou faire les fonctions et exercices que la communauté trouvera bon... A quoi ledit Raymond s'est engagé[1]. » On trouve fréquemment des actes semblables dans les minutes des notaires.

Le séminaire commença, en 1670, par l'enseignement de la grammaire et des lettres ; les clercs étudiant la théologie n'apparaissent qu'en 1676. A ce moment il est en plein exercice : les enfants y entrent à l'âge de treize ans, sachant lire et écrire, et sortent prêtres à vingt-cinq ans, si après leurs études classiques ils n'ont pas fait choix d'une autre carrière.

1. Minutes de M. Grant, notaire. — Papiers de M. Champeval.

CHAPITRE XII

M. DE LABORIE FONDE LES ÉCOLES CHRÉTIENNES
DE FILLES

Le prieur du Puy pouvait contempler avec complai-
sance son séminaire-collège et son école de garçons en
bas âge : l'enseignement n'y laissait rien à désirer, et il
n'y avait plus en ville de garçons ignorants que ceux
qui ne voulaient pas apprendre. Il n'en était pas de
même des filles. Les dames de Londieu et celles de
Sainte-Claire donnaient aux demoiselles de la ville
l'enseignement primaire et supérieur selon les pro-
grammes du temps ; mais les enfants pauvres n'allaient
guère dans ces couvents, où l'enseignement n'était pas
gratuit et où d'ailleurs l'espace aurait fait grandement
défaut pour les recevoir. Sans doute il y avait toujours
dans les quartiers quelque dame tenant école et rece-
vant, moyennant rétribution, les enfants que les parents
voulaient faire instruire et leur envoyaient ; mais la
plupart des pères de famille pauvres négligeaient de
tenir leurs filles à des écoles qui n'avaient rien d'officiel, rien de stable. Il résultait de cet état de choses

que les filles de la classe pauvre étaient généralement
ou ignorantes ou insuffisamment instruites.

M. de Laborie résolut de les envoyer toutes à l'école,
et pour y réussir, il fallut qu'il fondât, en un lieu de la
ville facilement accessible, des écoles vastes, durables,
gratuites, tenues par un nombre suffisant d'institutrices
instruites, dévouées, persévérantes. Il n'avait ni local ni
personnel. Il dut trouver un local suffisant pour commencer, en louant ou achetant des maisons pour son
séminaire ; car la fondation des deux établissements est
simultanée et dans le même quartier, au haut du Claux.

Le personnel était plus difficile à trouver. Confier la
charge d'institutrices à des femmes mariées, en règle
générale il ne fallait pas y penser. La nature veut que
la femme mariée s'occupe de sa maison, de son ménage, du linge, de ses enfants. Pendant que le mari est
au dehors pour vaquer à ses affaires, elle reste au de-
dans de sa maison, et le temps est toujours trop court
pour les soins qui s'imposent. Elle ne peut pas tenir
une école ; et si elle la tient, son cœur se divise : elle
donne par devoir aux enfants les heures réglementai-
res, et elle se sent par besoin ramenée au plus tôt à
son ménage. L'un et l'autre en souffrent. Il faut aux
enfants des écoles des maîtresses qui n'aient d'autre
famille à leur charge que cette famille d'adoption et
puissent se sacrifier pour elle du matin jusqu'au soir,
sans qu'aucun autre soin ou devoir reste en souffrance.
On ne peut pas non plus compter sur les veuves. Étran-
gères à ce ministère très particulier pendant la première
moitié de leur vie, à l'âge où on se forme facilement
à toutes les habitudes, elles manqueront généralement,

à un âge plus avancé, de patience, de goût et d'aptitude. A l'école de filles, enfin, il faut des maîtresses qui, renonçant au mariage, aient été de bonne heure formées au secret de la science et à l'art de l'enseigner, et se soient pour la vie consacrées à ce labeur, qui est à la fois une vie de charité et de dévouement maternel, un apostolat et presque un sacerdoce.

Mais qu'il est cruel de livrer à elle-même, dans un pays d'elle inconnu, une pauvre jeune fille, arrachée de sa maison natale et soustraite à l'autorité bienfaisante, à l'amour vigilant d'un père et d'une mère, à l'affection fortifiante des frères, des sœurs, des amis d'enfance, et cela au moment où se fait sentir chez elle un besoin irrésistible d'air, de mouvement, de sympathie, de jouissance, et que toutes les séductions et tous les dangers se pressent sur sa route ! Vraiment, il faut lui rendre une famille, une société, une surveillance toute pétrie d'amour maternel, une autorité douce et forte à la fois, qui la protège efficacement contre elle-même et contre les dangers du dehors, lui fasse aimer cette vie de vertu, de sacrifice et de dévouement par la joie du bien accompli et l'espérance d'une récompense magnifique. C'est la conception de la communauté religieuse séculière. Jusqu'ici les religieuses cloîtrées se sont formées à la perfection de leur état derrière leurs grilles, et se sont rendues utiles à qui est allé les trouver dans leur retraite. D'autres besoins se font sentir : la religieuse séculière vivra dans le monde, dans les maisons ou dans les rues, selon les besoins de son ministère. Si elle tient une école, elle suivra les enfants à la promenade, à l'église ; elle ira les chercher, si elles ne viennent pas, dans les maisons ou sur les places publiques ; elle leur donnera son temps aux heures de classe et aux heures de récréation : les enfants sont tout son bien, toute sa préoccupation, tout son amour, et elle est toute aux enfants.

La création des écoles chrétiennes de garçons, par le B. Jean-Baptiste de la Salle, avait fait naître un peu partout l'idée d'écoles semblables pour les jeunes filles, mais la fondation de communautés religieuses pour ce ministère était encore à faire : quiconque voulait ouvrir une école chrétienne de filles devait commencer par former les maîtresses et les établir en communauté religieuse séculière. M. de Laborie n'hésita pas : il voulait son école, il lui fallait de saintes filles pour la tenir, une communauté se recrutant sans cesse, pour donner à son œuvre de la stabilité, une sorte d'immortalité ; il se fait fondateur d'ordre et demande auprès et au loin des jeunes filles instruites, intelligentes, dévouées, capables enfin de remplir avec zèle et persévérance la mission qu'il veut leur confier.

Les premières qui répondirent à son appel, en 1670, furent Mlles Marguerite Cussonel de Lalo, Louise Viguier, Marguerite de Capval, Marguerite de Bonneville, Fleurette de Lacaze, Anne de Marsinhes. Elles appartenaient toutes aux meilleures familles du pays. Il les plaça, au haut du Claux, dans la maison natale de M. Paul Boutaric, prêtre et syndic du Séminaire, dont nous avons déjà parlé à l'occasion de la fondation du Refuge et de la Maison de Piété. C'est là qu'elles ouvrirent leurs écoles. Elles prirent le nom de *demoiselles des Écoles chrétiennes*.

Cinq années auparavant, 13 mars 1665, une veuve remplie de zèle et de bonne volonté, Mme la comtesse de Mirepoix, avait ouvert des écoles chrétiennes à Cahors et s'était adjoint un certain nombre de demoiselles, dans le but, sans doute, de fonder une communauté religieuse ; mais elle n'avait pas suffisamment l'expérience et les vertus nécessaires pour former ces jeunes filles à la vie commune. Elle donna son nom à la communauté, mais elle aurait abouti à un échec si la Providence ne lui avait fait mettre la main sur Mlle de Boissy, la véritable fondatrice des DEMOISELLES DES ÉCOLES CHRÉTIENNES de Cahors, connues vulgairement sous le nom de *Mirepoises*.

Comme un jour la communauté de Figeac fera fusion avec celle de Cahors et que les auteurs ne sont pas d'accord sur l'origine de la première, il est nécessaire d'entrer dans d'assez longs détails pour éclairer les points obscurs.

Mlle de Boissy naquit à Montpezat, alors du diocèse de Cahors, le 22 septembre 1641. C'était une nature d'élite, intelligente, ouverte, droite et bonne. Entourée de parents très chrétiens, de bonne heure elle eut la pensée d'entrer dans un cloître pour y passer sa vie, et elle fut admise au Carmel de Toulouse. Elle y fit tout son noviciat et eut le temps de se former à toutes les vertus de la vie religieuse. Quand elle fut sur le point de faire ses vœux, son père, procureur du roi au présidial de Cahors, se rendit à Toulouse. Tout était réglé, quand la prieure, selon l'usage sans doute, demanda bonne caution pour le payement de la dot. Le père, blessé, reprit sa fille et la ramena avec lui à Cahors. Rentrée dans le monde, sans renoncer à ses projets, Mlle de Boissy se mit sous la direction d'un père jésuite du collège de cette ville et fit de très grands progrès dans la perfection chrétienne. Elle avait vingt-cinq ans, et par sa piété comme par ses qualités merveilleuses elle faisait l'admiration de la ville. Mme de Mirepoix la pressa d'entrer aux écoles, mais en vain : Mlle de Boissy espérait toujours faire fléchir son père et rentrer au Carmel. La comtesse, obligée d'aller à Paris pour y soutenir un procès, demanda à M. de Boissy de prendre sa fille, à ses frais, comme compagne de route. M. de Boissy résista d'abord, mais finit par donner son consentement. Arrivées à Paris, nos voyageuses descendirent chez les religieuses de la Croix, récemment fondées et non cloîtrées, sans doute rue de Vaugirard, où elles ont encore une maison prospère. Mlle de Boissy fut admise pendant plusieurs mois à tous les exercices de la communauté. De plus elle visita, avec Mme de Mirepoix, toutes les communautés enseignantes de la capitale, apprenant ainsi et les secrets de la vie religieuse et la manière de tenir une école.

On lui fit entendre qu'il y avait aux écoles un bien immense à faire. Mgr de Sevin se trouva aussi à Paris pour ses affaires et lui fit plusieurs visites chez les dames de la Croix. Elle était devenue hésitante, et elle le consulta un jour sur sa vocation : Mgr de Sevin eut bientôt fait de la décider à entrer comme directrice aux écoles de Cahors. De fait, au retour, Mme de Mirepoix lui céda toute autorité, la mit à la tête des écoles et revint dans son pays, au diocèse de Pamiers (1667). Dès ce jour et pendant plus de cinquante ans, Mlle de Boissy fut la supérieure incontestée, obéie et admirée des demoiselles des Écoles chrétiennes de Cahors.

Hélas! parmi les demoiselles que Mme de Mirepoix avait associées à son œuvre, le plus grand désordre régnait : chacune avait ses goûts, ses habitudes, ses relations, son directeur particulier en ville. Rien ne ressemblait moins à une communauté religieuse. Mlle de Boissy, formée à bonne école, n'entendait pas ainsi les choses. Elle s'efforça d'abord de réformer la communauté naissante, mais parmi toutes ces demoiselles deux seulement suivaient sa direction; les autres furent impitoyablement rendues à leurs familles. Plusieurs de leurs parents se plaignirent à Mgr Sevin, qui n'eut jamais qu'une réponse : « C'est affaire à Mlle de Boissy; réglez avec elle. » Sa communauté resta réduite à trois membres (1668). Quelque temps après, deux postulantes se présentèrent et furent admises. A cinq, elles supportèrent pendant plusieurs années le poids des écoles; puis quatre autres arrivèrent, et elles étaient neuf admises ou aspirantes à la mort de Mgr Sevin, en 1678. Ce prélat avait accordé à l'école toute sa bienveillance, mais s'en était tenu là : il ne lui avait pas donné de règles ou statuts, il ne l'avait pas approuvée par écrit et il ne l'avait pas fait approuver par le gouvernement.

Sous son successeur, Mgr de Noailles, Mlle de Boissy reçut ordre de son évêque de rédiger elle-même les statuts, avec son expérience et son grand esprit pratique, et il les approuva par mandement. L'approbation du gouvernement pour la communauté de Cahors

et pour celle de Figeac est du mois de mars 1679,
« à la condition que ces associations ne seront jamais
changées en profession religieuse et que les veuves et
filles qui en feront partie resteront en état de sécula-
rité ».

M. de Laborie, ayant déjà fondé ses écoles en 1670,
s'adressa quelques années après à Mgr de Sevin pour
avoir l'approbation. Avant d'approuver cette communauté éloignée de sa ville épiscopale, le saint évêque
conseilla au fondateur de se mettre en relation avec
Mlle de Boissy, qui avait sa confiance. Celle-ci se rendit
à Figeac, accompagnée de Mlle Chamboret, en novembre 1676, non pour fonder l'école, qui existait déjà
depuis plusieurs années, ni pour y conduire des demoiselles de la communauté de Cahors (elles étaient encore
trop peu nombreuses pour songer à une colonie), mais
pour voir de ses yeux comment marchait l'école, donner au besoin de bons conseils et faire un rapport à
l'évêque.

Ce voyage à Figeac a induit en erreur l'historien de
Mlle de Boissy, qui écrivait, par ouï-dire, cinquante ans
après les événements : il croit que Mlle de Boissy vint
pour fonder l'école. Il ajoute que, se substituant aux
demoiselles qu'elle trouva à Figeac, elle les envoya à
Cahors pour être formées au contact de celles qu'elle
y avait laissées; qu'une seule fut reconnue capable de
formation, et que toutes les autres furent renvoyées
dans leurs familles, après plusieurs épreuves infruc-
tueuses; que ces dernières, propriétaires des meubles
de l'école, les retirèrent, et laissèrent Mlle de Boissy dans
le plus grand embarras; que la disette et la misère se

mirent de la partie et que le bois et le pain manquèrent, etc. [1].

Il y a dans ce récit de l'invraisemblance et de l'inexactitude.

Mlle de Boissy ne venait pas à Figeac pour y séjourner; elle y séjourna si peu qu'après son retour à Cahors elle eut le temps de s'occuper à mettre de l'ordre dans sa communauté, de terminer un procès, de faire un voyage à Issendolus pour y voir l'abbesse de l'hôpital Saint-Jean, Mme de Vaillac, de faire une maladie, et enfin d'avoir une grosse loupe au genou, que les médecins durent extirper, avant le départ de Mgr de Sevin pour un nouveau voyage à Paris, où il mourut en novembre 1678, exactement deux ans après le départ de notre supérieure pour Figeac. A peine peut-on admettre qu'elle resta quelques semaines dans cette ville; il est plus probable qu'elle n'y resta que peu de jours.

D'un autre côté, comment aurait-elle pu renvoyer de Figeac toutes ces demoiselles qui avaient répondu avec dévouement à l'appel de M. de Laborie, et comment celui-ci l'aurait-il permis? De fait, ce n'est pas une seule qui resta, mais au moins trois : Mlles de Cussonel, de Lacaze, de Marsinhes. Mlle Marguerite Cussonel de Lalo était de la famille des nobles de Cussonel, dont la maison était dans la gache de Montferrier, sur la grande rue de Montviguier, au-dessus de la mairie actuelle, avec jardin à l'intérieur du quartier. Amie de cœur des demoiselles de Fraust, dont il sera bientôt

1. Voir les *Annales de Figeac,* et la *Vie de Mlle de Boissy,* à la bibliothèque du grand séminaire de Cahors.

parlé, leur exécutrice testamentaire, elle aida avec
zèle et persévérance M. de Laborie dans l'œuvre des
congrégations et des retraites, et mourut le 24 mars
1713, âgée de quatre-vingt-sept ou quatre-vingt-huit
ans. Elle fut ensevelie dans l'église de Notre-Dame du
Puy et dans la chapelle dédiée à sainte Marguerite,
sa patronne. Mlle Fleurette de Lacaze, la Fleurette,
comme on l'appelait d'ordinaire, fut toujours insépa-
rable de Mlle de Cussonel, s'occupa, comme elle, des
congrégations et des retraites, et mérita, comme elle,
d'être nommée dans le testament de M. de Laborie...
Elle mourut le 19 septembre 1725, âgée de quatre-
vingt-huit ans, et fut ensevelie dans l'église du Puy.

Mlle de Marsinhes donna ses biens à Mlle de Lacaze,
comme on l'a vu à l'occasion du testament du chanoine
Ducros. Elle n'avait donc pas été renvoyée de l'école.

Au reste, aucune sans doute ne fut renvoyée : trois
ans après la visite de Mlle de Boissy, la communauté
de Figeac est approuvée comme distincte de celle de
Cahors, et les consuls, appelés à donner leur avis très
peu de temps après cette visite, reconnaissent que l'école
existe depuis plusieurs années et a donné d'excellents
résultats[1]. Il s'agit d'approuver la communauté plutôt
que l'école. Si les institutrices n'étaient pas les mêmes,
les consuls n'auraient pas pu s'appuyer sur les résultats dont ils sont témoins depuis plusieurs années,
pour conclure à l'approbation.

Comment croire à la misère extrême de l'école, quand
toutes ces demoiselles sont de bonne maison et que déjà

---

1. Archives de la ville de Figeac.

les demoiselles de Fraust, si généreuses pour toutes les œuvres de M. de Laborie, si dévouées à Mlle de Cussonel, sont voisines de l'école, comme l'établissent les dates des mutations aux marges des terriers?

Nos Annales disent en propres termes que M. de Laborie, voulant fonder son école, demanda des institutrices à Mgr de Sevin: M. Sourdès, de Figeac, qui avait été témoin oculaire des faits, affirme qu'au contraire Mgr de Sevin emprunta des institutrices à Figeac pour les établir dans d'autres localités du diocèse : *Constans est omnium sensus* INSTITUTAM AB ILLO *sæcularem societatem magistrarum Scholæ Christianæ, quam confirmavit, promovit et disseminavit in alias suæ diœceseos plagas, doctissimus piissimusque Nicolaus Sevinus, episcopus Cadurcensis*[1].

Il est certain que Cahors n'envoya aucune institutrice à M. de Laborie; il paraît également certain que Mgr de Sevin n'autorisa que verbalement soit les écoles de Cahors, soit celles de Figeac, et que si des fondations nouvelles furent faites, il ne les fit pas lui-même, mais se contenta de laisser faire les écoles mères et de les encourager au besoin.

Ces fondations, d'ailleurs, ne furent pas nombreuses. Mlle de Boissy refusa constamment d'en faire hors du diocèse; mais elle acceptait à Cahors les demoiselles envoyées des diocèses voisins, les formait de son mieux et les rendait à ceux qui les lui avaient confiées, dès qu'elle les croyait capables de fonder elles-mêmes dans leurs pays des écoles absolument indépendantes de

1. *Specimen vitæ D. Ant. Deboria.*

celles de Cahors, à leurs risques et périls. A sa mort, en 1724, elle avait sept écoles, dit l'auteur de sa Vie ; mais dans tout le cours de l'ouvrage il n'a signalé que quatre érections d'école hors de Cahors ; et comme Figeac se trouve par erreur parmi ces quatre, il faut les réduire à trois, à savoir : Caussade, Saint-Céré, Moissac. Ces trois écoles et les écoles mères de Cahors et de Figeac sont seules nommées dans la Vie de Mlle de Boissy, cinq en tout, et cependant elle en avait sept : quelles sont les deux autres ? Notre biographe n'a pas rencontré leurs noms dans les papiers de Cahors, pour la bonne raison que ces deux dernières sont des fondations de Figeac, et non de Cahors. M. de Laborie, maître et supérieur de ses écoles tant qu'il vécut, envoya des institutrices à Cajarc, comme on le verra plus loin, et aussi à Martel, sa ville natale[1].

Revenons à notre école de Figeac. Elle est au haut du Claux, gratuite et tenue par des demoiselles qui, sans vœux monastiques et sous un habit séculier, vivent en communauté comme des religieuses cloîtrées. Elles demandaient, dit M. Debons, aux enfants des familles aisées de porter double ration de pain, afin d'en faire part aux enfants des pauvres. Ce détail est tout à fait conforme à l'esprit du fondateur. Le personnel, ajoute-t-il, se composait de huit maîtresses : deux furent préposées au pensionnat, une à la grande classe, une à la moyenne et une autre à la petite classe, une enfin aux artisanes, et l'autre aux plus pauvres : la huitième, la

____

1. « Nous avions à Martel), pour l'instruction des jeunes filles, les Mirepoises, les sœurs Grises, les Maltaises. » (Note de M. Pendary, chanoine.)

supérieure, surveillait tous les emplois[1]. Nous ne savons où M. Debons a pris ces détails : ils nous paraîtraient mieux convenir au siècle suivant qu'au temps où M. de Laborie vivait.

A la fin de 1678, le conseil de ville ayant réuni les pères de famille en assemblée générale, le président s'exprima ainsi : « Les écoles chrétiennes établies depuis quelques années ont été très utiles et avantageuses, les jeunes filles de la ville y ayant été bien élevées et instruites, si bien qu'il serait à souhaiter que ces écoles subsistassent pour toujours; mais comme l'établissement seul ne suffit pas pour cela et qu'il est nécessaire de poursuivre l'autorisation auprès de Sa Majesté et de son conseil, les demoiselles qui font lesdites écoles ont fait parler aux sieurs consuls pour faire connaître aux pères de famille leur désir d'être approuvées et savoir s'ils agréent l'établissement définitif desdites écoles. » Il fut délibéré que « la ville désire que la fondation soit assurée et qu'il soit obtenu toutes les patentes, arrêts et provisions pour cet effet, sans néanmoins s'obliger à aucuns frais pour le présent ou pour l'avenir, soit pour l'autorisation, soit pour l'entretien des filles qui font l'école ».

Quelque temps après, ces demoiselles demandèrent[2] aux consuls d'être déchargées de l'impôt qui frappait la maison par elles habitée, vu qu'elles faisaient gratuitement l'école pour toutes les filles de la ville. Faute de quoi, ajoutaient-elles, il leur serait nécessaire de ré-

<hr>

1. *Annales de Figeac.*
2. 22 décembre. Archives de la ville.

clamer cinq sols par mois à chaque enfant (un franc de nos jours). Délivrer de l'impôt parut à quelques conseillers un mauvais précédent; d'autres firent remarquer que cet impôt pouvait s'élever à une douzaine de livres et que, tout en laissant subsister l'impôt, il serait facile de faire aux demoiselles de l'école une gratification d'importance égale. Le greffier coucha cette solution sur le registre pendant qu'on délibérait sur d'autres questions; mais à la lecture du procès-verbal, avant que les signatures fussent apposées, une protestation s'éleva : il fallut compter les voix, et la majorité fut pour la négative. Gravement, le greffier barra l'article relatif à l'école et mit en marge : « La proposition a été refusée. »

Il reste ainsi acquis que le conseil de ville de Figeac, il y a deux cent vingt ans, refusa de voter douze livres pour maintenir la gratuité dans la seule école qui existât alors pour les filles du peuple.

M. de Laborie, bon enfant, maintint la gratuité quand même; car, en 1689, les mêmes demoiselles demandèrent aux consuls de leur renouveler les bancs de l'école, vu toujours qu'elles enseignaient gratuitement. Cette fois les bancs leur furent concédés.

« Ce fut, dit M. Sourdès, un spectacle nouveau. La plupart des jeunes filles du peuple n'allaient pas à l'école; mais les nouvelles maîtresses y mirent tant de zèle et tant de dévouement, que toutes les enfants à l'envi coururent à elles, et cette armée de jeunes filles, qui jusqu'alors semblaient abandonnées et sans culture, et hors des préoccupations du siècle, s'éleva plus belle, plus chaste, chrétienne, brillant de candeur et de grâce, devant Dieu et devant les hommes. »

A la mort de M. de Laborie, la maison de Figeac avec ses deux filles, Cajarc et Martel, se donna à la maison de Cahors, et Mlle de Boissy devint leur supérieure. En 1706, Mlle Antoinette de Vignes, de Figeac, ayant voulu entrer dans la communauté, Mlle Cécile d'Aimery, supérieure des écoles de Figeac, se présenta devant le notaire, munie d'une procuration de Mlle Françoise de Boissy, supérieure des Écoles chrétiennes de Cahors, lui donnant « pouvoir d'agréger la postulante à la communauté de Cahors et d'accepter constitution de dix-huit cents livres de dot, selon qu'il est d'usage..., moyennant quoi ladite de Vignes sera rendue participante de tous les biens meubles et immeubles de la communauté des demoiselles des Écoles chrétiennes de Cahors », etc. Le 5 juillet de la même année, la même d'Aimery reçoit, toujours par procuration de Mlle de Boissy, dix-huit cents livres pour la dot de Mlle de Combes, depuis plusieurs années dans la communauté.

C'est pourquoi les demoiselles de Figeac reçurent le nom de *Mirepoises*, qui ne pouvait convenir qu'aux demoiselles des Écoles de Cahors. On ne trouve cependant ce nom dans aucun vieux document, mais seulement, une fois, dans le terrier de la fin du dix-huitième siècle, au milieu d'un article qui a pour titre *les Demoiselles des Écoles chrétiennes*. Le peuple aimait à leur donner ce nom : le quartier où était leur école le porte encore, ainsi qu'une des rues qui y aboutissent.

CHAPITRE XIII

Au nord de l'église du Puy était un espace assez
vaste, borné au midi par l'église et les extrémités du
cimetière, à l'est et au nord par les murs d'enceinte,
à l'ouest par l'enclos des pères capucins.

Non loin de l'église, vers le milieu de la cour actuelle
du collège, plus près cependant de l'église que des
murailles, était une maison isolée, propriété de la ville,
collège primitif, dont le rez-de-chaussée était occupé
par les classes des régents, tandis que l'étage était
l'habitation du prieur du Puy et de ses vicaires. Le
presbytère avait été démoli par les protestants, qui
avaient construit leur citadelle sur son emplacement.
Après la démolition de la citadelle, les lieux furent
occupés par les capucins, du consentement du prieur
et des consuls. C'est pourquoi ces derniers, à qui il
incombait de fournir un logement au clergé paroissial,
avaient accordé aux prêtres du Puy l'étage de leur
maison d'école, par provision, jusqu'à ce qu'un meilleur logement serait trouvé. A l'est de cette maison

était un jardin dit *jardin du Prieur,* et au nord une place publique, commun ou communal nommé *le Puech.* A l'est enfin du communal et du jardin du Prieur était un autre jardin, assez vaste, appartenant à M. Leblond, avocat, acquis par lui de Salvagnac, et de Pinquié, prêtre. Le chemin de ronde séparait ce jardin des murs de la ville, et un second chemin, montant du Claux à l'est du cimetière, allait à la maison presbytérale, et de là, sans aucun doute, à la place du Puech et à la porte de Montviguier.

M. de Laborie était embarrassé pour loger ses prêtres et ses écoles : on le comprend de reste. Il songeait à faire de grandes constructions, et en attendant il occupait tous les recoins où il pouvait loger quelqu'un, même les tours de la ville construites de loin en loin sur les remparts et près des portes, et fort délabrées.

Voulait-il mettre des mansardes à la maison qu'il habitait quand, au matin du 4 novembre 1669, il lui prit fantaisie d'ouvrir la toiture de cette maison et d'y mettre un ouvrier pour y établir une fenêtre? Le fait n'est pas de grande importance en lui-même, et cependant il prit des proportions et fut le commencement d'ennuis qui durèrent des années et modifièrent gravement les plans de construction déjà arrêtés et en retardèrent pendant plusieurs années l'exécution.

Les capucins, dont les cellules étaient cependant à cinquante ou soixante mètres de là, voyant l'ouvrier sur la maison, crurent leur tranquillité à jamais compromise. Ils rédigèrent en hâte une supplique aux consuls, et représentèrent que cette fenêtre en construction permettrait de voir dans leurs cellules, dortoirs

et jardin et leur serait d'une grande incommodité. Ils
demandèrent enfin aux consuls, comme propriétaires,
d'intervenir et d'empêcher l'ouvrage.

Les consuls se réunirent en assemblée ; les débats
furent orageux : on ne voulait pas refuser justice aux
capucins ni desservir ou gêner le prieur du Puy... A
la pluralité des voix, il fut délibéré que, la maison
ayant été donnée au prieur en usage indéfini, c'était à
lui de voir ce qu'il en voulait faire ; et il fut répondu
aux capucins que, si la lucarne les gênait, ils devaient
s'en prendre au prieur lui-même, et non au conseil.
Mettez-vous d'accord et laissez-nous en paix, tel fut
donc l'avis des prudents, et ils durent rire dans leur
barbe, trouvant la solution ingénieuse et spirituelle.
Autrement pensaient les gens plus réfléchis et plus
sages, en particulier M. de Laporte, viguier-lieutenant
général, président de l'assemblée, et M. de Palhasse,
conseiller du roi et avocat, qui mit son sentiment par
écrit, en termes étudiés et bien sentis :

« Le prieur du Puy, dit-il, a assez de logement pour
lui, ses deux vicaires et son clerc, et il s'en est contenté
jusqu'à présent : il pourrait bien ne pas habiter sous
les toitures, d'où il a vue sur le jardin, le puits, le lavoir
même des RR. PP. capucins ; car, pour leurs petites
ménageries (*sic*), ils sont quelquefois obligés de se mettre en un état à ne devoir pas être vus des personnes séculières, et il ne faut pas envier le petit avantage d'être
cloîtrées à des personnes qui, ayant pu rester dans le
monde pour y voir et être vues, l'ont quitté généreusement pour servir Dieu à l'écart et dans le secret. Les

consuls pourraient bien faire faire une fenêtre à l'est,
du côté du jardin, au lieu de la laisser faire à l'ouest,
du côté des RR. PP. capucins. Il ne faudrait pas non
plus favoriser la désunion entre personnes dont l'état
et le devoir est surtout de vivre en paix, pour le plus
grand bien des âmes, et si un procès venait à sortir de
là, il se formerait des partis qui prendraient cause chacun de son côté, et ceux de la religion prétendue réformée ne manqueraient pas d'en causer et d'en rire.

« De Palhasse.

« Sollicité par moi, pour avoir présidé :

« De Laporte. »

Cette protestation fut transcrite au registre des délibérations, à la suite du procès-verbal de la séance[1]. La
lucarne occupait peu de place dans les préoccupations
de M. de Laborie : il lui fallait de l'espace, il se mit à
en chercher.

Son premier soin fut d'acquérir la maison qu'il habitait, pour l'occuper d'abord tout entière, après avoir
délogé les régents, et plus tard la démolir, quand de
nouvelles constructions l'auraient rendue inutile et gê-
nante. L'acte fut passé en 1670 ; en voici le sens : La
maison que le prieur du Puy occupe, par provision, lui
plaît, et, puisque les consuls lui doivent un logement,
qu'ils la lui laissent en propriété : il se trouvera pleine-
ment satisfait. Il est vrai qu'elle est plus que suffisante,
puisqu'il n'occupe pas les salles des régents : il payera
la plus-value à estimation d'experts. Les experts ayant

1. Archives de la ville.

estimé cette plus-value six cents livres, il la fait réduire à trois cents. Il offre ensuite de faire construire de nouvelles classes pour les régents, de longueur, largeur et hauteur convenues et inscrites au contrat, moyennant la somme de dix-huit cents livres, à savoir les trois cents qu'il doit payer pour la plus-value du presbytère. et mille cinq cents qui devront être payées par les consuls[1].

Au mois de septembre, quelques constructions étaient déjà commencées non loin de la clôture des capucins. Ceux-ci font une nouvelle opposition et signifient inhibition de bâtir plus avant. Ils demandent qu'une commission se transporte sur les lieux et détermine en leur présence la place des constructions. S'ils n'avaient pas fait opposition, le Séminaire eût été construit sur la rue actuelle du Puy; la cour, au lieu d'être à l'ouest des constructions, eût été à l'est, et la porte d'entrée, au lieu d'être à côté de celle de l'église, eût été probablement au haut du Claux, dans la terrasse actuelle du collège.

Se voyant arrêté, M. de Laborie tourna son activité d'un autre côté. « Puisque les capucins, se dit-il, ne veulent pas de voisins, nous porterons de l'ouest à l'est l'assiette de nos constructions. » Depuis quelque temps il occupait deux tours des fortifications, peu éloignées de son jardin : comme elles menaçaient ruine, il offrit de les réparer à ses frais, mais à condition que l'usage lui en serait abandonné pour toujours, et, par acte du 25 septembre, il fut stipulé qu'il tiendrait ces tours en

1. Minutes de Grant, notaire.

8

bon état d'entretien, et qu'en retour il ne pourrait être privé de l'usage qu'il en voudrait faire que pour cause de bien public, comme cas de guerre ou autre semblable. C'était, en termes équivalents, obtenir la propriété de ce coin des fortifications, et c'est bien ce qu'il voulait.

En même temps les consuls avaient délégué quatre conseillers et quatre notables; pour déterminer l'emplacement des nouvelles classes des régents. Le prieur du Puy les attendait sur les lieux; les capucins ne s'y rendirent pas. « En vertu des pouvoirs à eux donnés par la délibération en date du quatrième du courant et en exécution d'icelle, les délégués décidèrent que deux classes se feraient dans le patus ou jardin appartenant au sieur prieur, depuis la maison presbytérale et joignant icelle, en ligne droite, du côté des murailles de la ville à l'est, jusques vis-à-vis du jardin de M. Leblond, avocat; les deux autres, partie dans le jardin dudit prieur et partie dans le communal, en ligne droite, du côté de la muraille du jardin des RR. PP. capucins, à la charge de laisser un grand chemin public entre lesdites classes à bâtir et ladite muraille du jardin des RR. PP. capucins, de la largeur de sept aunes. Et pour le dédommager de la terre qu'on lui prend, la commission donne audit prieur le restant du communal, depuis les classes à bâtir jusqu'à la porte de Montviguier et aux murs de la ville, toujours à la charge de laisser, le long du mur des capucins, un grand chemin public de la largeur de sept aunes.

« David Espéliac, Pierre Pradier, François et Jean Coybes, maîtres maçons, entreprennent de faire la construction, pour la somme de neuf livres la canne carrée,

à tout fournir, mesurée tant plein que vide, dont procès-
verbal et acte passés le même jour chez M. Grant, notaire (17 septembre 1670). »

M. de Laborie accepta avec reconnaissance la propriété de la place publique : il en avait besoin pour
l'exécution de ses projets. Quant aux classes, en double
retour avec la maison presbytérale, il sait bien qu'il ne
les construira pas là, mais il se tait, ne pouvant di-
vulguer ses plans sans s'exposer à soulever des oppo-
sitions et à payer fort cher l'espace qui lui manque
encore.

En 1673, les classes ne sont pas construites, et les
maçons entrepreneurs réclament cinq cents livres pour
matériaux préparés; mais le conseil n'est pas d'avis de
les leur donner, vu qu'ils n'offrent aucune garantie,
n'ayant la propriété d'aucun bien, et qu'il y a danger
qu'une fois en possession de la somme ils ne laissent
traîner la construction en longueur, tandis qu'il y a
urgence de bâtir, les classes actuelles étant insuffisan-
tes, malsaines et mal éclairées. Les cinq cents livres
sont comptées au prieur, à la condition qu'il surveil-
lera la dépense et qu'il la fera approuver à la fin des
travaux par les consuls alors en charge. Il prend les
cinq cents livres et les ajoute aux trois cents dont il est
déjà débiteur, mais il ne construit pas les classes. Toutefois, pour donner satisfaction aux consuls, il loue une
maison, assez loin de l'église et du Séminaire, et il y installe les régents. Cette maison ne plaît pas aux consuls.
« Elle est incommode pour la surveillance à cause de
son éloignement, ce qui donne occasion à une grande
dissipation parmi cette jeunesse ». Ils préféreraient les

classes projetées ; mais le prieur sait bien pourquoi il ne les construit pas.

Le 9 février 1675, les consuls constatent que, pour se conformer aux précédentes délibérations, il a rassemblé d'immenses matériaux et qu'il n'y a plus qu'à construire... Oui, mais ils attendront leurs classes près de dix ans encore. Une nouvelle commission se transporte sur les lieux, pour examiner un nouvel emplacement proposé par le prieur. Il ne s'agit plus de bâtir à proximité du couvent des RR. PP. capucins : les classes seront mieux placées au nord-est du communal ; mais deux chemins entravent ce projet : le chemin de ronde et le chemin du Claux. Si les consuls voulaient permettre de fermer ces chemins, il serait facile d'en ouvrir un autre plus au midi, à la fois plus large et plus commode pour les charrois et autres besoins des habitants. Seuls les propriétaires du Claux, de la rue Droite et du faubourg du Pin sont intéressés à cette question, et ils consentent à céder les chemins, puisqu'il leur en sera donné un meilleur.

La commission trouve qu'en effet aucun lieu n'est plus propre à la construction des nouvelles classes, que l'espace compris entre l'église et la tour nouvellement restaurée ; elle convient que les chemins pourront être fermés, mais à la condition que dans les murs à construire qui intercepteront le chemin de ronde il sera laissé, sur toute la largeur de ce chemin, des arceaux, pour le moment bâtis et murés, mais qu'il serait facile d'ouvrir sans nuire à la solidité des murs, si jamais le besoin s'en faisait sentir.

M. de Laborie ferme les chemins, mais ne construit

pas encore : il n'a pas le jardin de M. Leblond, et il le convoite sans le dire. Quand il l'aura, possédant tout l'espace au nord et à l'est de son église, il n'aura plus de voisins, et il pourra bâtir et ouvrir fenêtres et lucarnes sans craindre des protestations.

Une ordonnance épiscopale, peut-être par lui sollicitée, vint faire diversion à ces questions de constructions toujours promises et toujours retardées. Elle portait qu'à l'avenir nul ne pourrait plus faire ensevelir les morts hors de leur paroisse, sans avoir d'abord présenté le corps à l'église paroissiale pour l'*ultimum ave*. Les consuls se firent les interprètes de la population en protestant contre cette innovation, et députèrent M. de Laporte et quelques autres à Cahors, pour représenter par supplique à Mgr de Sevin, évêque, que de tout temps les corps de leurs morts ensevelis hors de la paroisse ont été portés *recta via* au lieu de leur sépulture, et supplier Sa Grandeur de vouloir bien rétracter son ordonnance et respecter les libertés de la ville.

Mgr l'évêque répondit qu'il ferait droit à la supplique dès qu'il en aurait pris suffisante connaissance, et il partit pour sa tournée pastorale. Un mois après, il était à Fons : une nouvelle députation réitéra la supplique. « M. de Laborie, répondit Mgr de Sevin, sera assigné à comparaître devant moi dans la huitaine, et il sera délibéré sur cette affaire. Les consuls n'eurent pas d'autre réponse. Mgr de Sévin étant mort en 1678, Mgr de Noailles lui succéda, en 1679, et vint prendre possession de son trône en septembre.

Ayant appris qu'il arrivait à Aurillac, les consuls lui députèrent M. Pépin, second consul, pour assurer Sa

Grandeur des respects de la communauté. Dès qu'il fut
à Cahors, ils députèrent M. de Laporte, premier consul,
pour lui exprimer de nouveau les respects de la com-
münauté et renouveler la supplique faite à son prédécesseur. Au mois d'octobre, une lettre épiscopale annonça
aux consuls qu'à l'avenir, depuis la Toussaint jusqu'à
Notre-Dame de mars, les corps seront portés *rectâ viâ*,
selon l'ancienne coutume, au lieu de leur sépulture, à
cause du mauvais état des chemins, de la rigueur du
temps et de la brièveté des jours; mais que pendant le
reste de l'année ils seront présentés à l'église paroissiale pour l'*ultimum ave*, à moins que, pour de bonnes
raisons, le prieur du Puy n'eût donné dispense. Comme
le prieur du Puy avait toujours affirmé qu'il n'attendait que la liberté rendue par l'évêque pour donner
satisfaction à la population, les consuls acceptèrent
la solution et firent une visite au prieur, pour lui demander de ne pas se montrer sévère quand la permission d'aller *rectâ viâ* lui serait demandée (octobre 1679).

Revenons à nos écoles. Le jardin de M. Leblond dut
être acquis en 1675 ou peu après. Dès le mois de novembre de cette année, M. de Laborie a fait faire des
travaux de déblayement en vue de sérieux ouvrages au
printemps suivant. Le 23 avril 1676, « il baille à prix
fait à François Galut et à Pierre Cassagnade la construction de la première moitié du Séminaire. Comme il
a à sa disposition d'immenses matériaux provenant de
la démolition des tours et des remparts, il s'engage à
tout fournir à raison de quarante-cinq sous la canne
carrée, mesurée tant plein que vide, à l'exception pour-

tant des arceaux des voûtes, dont le vide sera déduit.
Le Séminaire sera construit dans les fossés, entre la
tour de Sainte-Lauze (Sainte-Alausie) et une autre tour
qui sert maintenant de pigeonnier du côté de la porte
de Montviguier. Les murailles seront bâties à chaux et
à sable et auront en bas cinq pans d'épaisseur, pour
soutenir les voûtes des caves, quatre pans[1] jusqu'au
troisième étage inclusivement et trois pans au-dessus.
Dans ces murailles seront faits les jours abattus pour
les caves, les armoires, portes, fenêtres et autres jours
nécessaires. Les maçons feront aussi toutes les autres
constructions que leur demanderont le supérieur, M. Nevoltry ou l'économe du Séminaire, avec portes, fenêtres et cheminées, mais seulement de deux pieds d'é-
paisseur[2]. » Parmi les témoins figurent Caniac, diacre,
et Révélihat, acolyte résidant au Séminaire, lequel
existait, par suite, avant les grandes constructions.

Les remparts ont été démolis tout le long du jardin
qui fut à M. Leblond. M. de Laborie, pour gagner de
l'espace, fait construire dans les fossés une solide
voûte de pierre dont l'extrados est au niveau des
jardins supérieurs et de la place du Puech : ce sont
les caves actuelles du Collège. Sur cette première
voûte, il en fait établir une seconde, en berceau et
toujours en gros blocs, le réfectoire actuel. Au-dessus
de cette seconde voûte sont superposés trois étages
habitables sous une toiture aiguë solidement assise, qui
depuis plus de deux cents ans défie les orages sans
plus trembler aujourd'hui que le premier jour. C'est

1. Le pan est le cinquième de l'aune, vingt-quatre centimètres.
2. Minutes de M. Grant, papiers de M. Champeval.

la partie méridionale qui fut construite pendant cette première campagne, jusqu'à l'escalier inclusivement.

Bientôt un retour à angle droit relia cette grande bâtisse obliquement au chevet de l'église, sur deux étages seulement au-dessus de salles basses dont plusieurs serviront plus tard et servent encore de sacristie à l'église.

Au midi de la grande construction, toujours dans les fossés et sur la même ligne, une bâtisse légère d'une trentaine de mètres de long, englobant la tour Sainte-Lauze, et haute de trois étages au-dessus du rez-de-chaussée, sans caves voûtées, fut faite pour établir les cuisines en bas, et en haut des décharges et greniers, des chambres, cellules et cabinets à chaque étage, à gauche d'un long corridor qui laissait à droite le rempart non démoli. Ce mur existe encore, abaissé d'un étage. La tour Sainte-Lauze, dans laquelle avaient été établis les cabinets des étages, salpêtrée et menaçant ruine, a été presque entièrement démolie, il y a deux ans à peine. La cuisine est reconstruite ; tout le reste a disparu ou est en ruines.

C'est au commencement de 1680 que cette construction fut entreprise. M. de Laborie « bailla, le 1er février, aux sieurs Géraud et Pierre Lagarrigue, à faire et à poser le boisage qu'il conviendra de faire et poser au bâtiment de nouveau fait dans les fossés d'enceinte des murailles de la ville, attenant la tour Sainte-Lauze, consistant en quatre planchers dont le premier est de poutres et soliveaux, et les autres de traits de quatre à la canne ou de trois, selon qu'il plaira audit sieur de Laborie, sans soliveaux. Plus la toiture, savoir : le quartier au-dessus de la cuisine, qui ira joindre la tour au tiers-point, pour tuiles à crochet ou pour ardoises, avec les lucarnes nécessaires pour y faire des chambres ; et l'autre partie, jusqu'au degré (escalier), à tuiles à canal. Lesdits sieurs Lagarrigue feront un dôme (au-dessus de l'escalier) de la hauteur et largeur qui leur seront marquées, et généralement tout le boisage jugé nécessaire, à l'exclusion des cloisons et séparations des chambres, portes et fenêtres. Pour ce faire, ledit sieur de Laborie sera tenu de fournir et de faire porter à port de ville tous les bois nécessaires, et les preneurs s'engagent à avoir leurs pièces prêtes à placer à mesure que les maçons en auront besoin et à terminer l'ouvrage dans neuf mois, à moins que les maçons ne les retardent, le tout pour la somme de trois cents livres[1]. »

Cette construction était à peine terminée que M. de Laborie entreprend de compléter le grand corps de logis de son séminaire. Le 15 avril de l'année suivante, 1681, « il baille à prix fait à Antoine Deltheil, maçon de cette ville ; à de Paliairols, d'Arribat, paroisse de Caudes-Aigues, juridiction de Caylus de Binette, et à Pierre Cassagnade, aussi maçon de Figeac, savoir est : à faire par iceux toutes les murailles qui seront nécessaires et jointes au bâtiment jà commencé, depuis les fondements jusqu'au toit. Icelles murailles seront assez fortes pour supporter deux voûtes qui seront faites l'une sur l'autre (caves, étude des grands et chapelle en ce moment), avec les fenêtres et jours

<hr>

1. Minutes de Pomel, chez M. Granié, notaire.

abattus pour éclairer les offices bas de ladite maison, les cheminées nécessaires, le tout conformément aux niveaux de la partie déjà faite, pour la somme de cinquante sous au sieur Deltheil, et quarante-cinq sous au sieur Cassagnade, la canne mesurée tant plein que vide. Quant aux quartiers qui seront employés pour fenêtres, portes, cheminées, coins, ils seront payés au prix de quatorze livres le cent ; et les pierres grandes, comme accoudoirs de fenêtres, sommiers de cheminée, seront payées comme il pourrait y avoir de quartiers à chacune. Tous les matériaux seront fournis par M. de Laborie, les entrepreneurs n'ayant à donner autre chose que leurs mains et industrie[1]. »

Ainsi fut terminé ce grand bâtiment, long de cinquante mètres, haut de vingt-cinq, avec escalier central en pierre, à courses droites, dont le faîtage domine même celui de l'église de quelques mètres, qui fut le Séminaire et est aujourd'hui le Collège municipal.

Il y a quelques années, il faillit perdre sa toiture élancée et son plus haut étage, et ce pour donner satisfaction à l'humeur jalouse de l'aile neuve, qui, elle aussi, est longue de cinquante mètres et plus, mais est à peine haute de seize. Heureusement que la question des frais fit avorter le projet : espérons qu'il ne reviendra pas à l'ordre du jour. Ce nivellement eût fait perdre au vieux bâtiment tout ce qu'il a d'imposant par sa masse, et le voyageur qui, de la gare, demande à son voisin quelle est donc cette immense construction qui domine la montagne, eût gardé toute son admiration pour l'église et

1. Minutes de Pomel, notaire.

VUE DE FIGEAC

n'eût même pas remarqué le Collège, abaissé et perdu dans le feuillage des arbres séculaires.

De même qu'une aile, tournant à angle droit et allant de l'est à l'ouest jusqu'au chevet de l'église, avait fermé la cour au midi du grand bâtiment, une autre aile tournant également à angle droit et faisant pendant à la première la borna au nord. Là enfin, dans cette quatrième construction, furent les classes que les consuls attendaient depuis quatorze ans : elle a été appelée de ce nom, *les classes*, jusqu'à sa démolition, il y a une dizaine d'années. Les quatre corps de bâtisse, réunis, avaient plus de cent cinquante mètres de longueur, sur deux, trois et quatre étages.

Devant ces magnifiques ouvrages, le chanoine Ducros ne savait contenir son admiration. « Ce pasteur, dit-il, parlant de M. de Laborie, par sa grande vigilance et par ses travaux infatigables, montre assez qu'il possède les qualités d'un homme vraiment apostolique. Il a cru que ce n'était pas assez d'introduire la dévotion et les maximes chrétiennes dans sa paroisse, faire des congrégations de l'un et de l'autre sexe, établir les petites écoles des garçons et des filles ; mais il a voulu, pour affermir toutes ces saintes œuvres, faire une communauté de prêtres logés sur les murailles et posés dans les tours de cette ville comme des gardes et des sentinelles, pour veiller continuellement et empêcher que les ennemis de Dieu ne surprennent cette nouvelle Jérusalem. Là, comme des trompettes célestes, ils ne cesseront de prêcher jour et nuit la doctrine de l'Évangile, pour accomplir la parole du prophète : *Super muros tuos, Jerusalem, posui custodes : toti die et toti nocte in æternum non tacebunt* : j'ai placé des gardiens sur tes murs, ô Jérusalem ; ni nuit, ni jour, jamais ils ne cesseront de se faire entendre[1]. »

Au commencement de 1684, les classes étaient fort avancées. M. de Laborie demanda aux consuls les mille livres qui lui étaient dues encore pour cette construction. Une commission se rendit sur les lieux pour s'assurer que lesdites classes étaient acceptables. Elle fut très satisfaite et reconnut qu'elles avaient les dimensions imposées par le contrat de 1670, et bien au delà. Le conseil accorda que les mille livres étaient dues et exigibles ; mais il était si pauvre ! Il promit de payer l'intérêt à défaut de capital. Hélas ! il ne paya jamais ni l'un ni l'autre.

Une porte monumentale d'ordre ionique et du style de l'époque, à l'angle nord-ouest de l'église, avec loge pour le concierge, parloirs, et salles à l'étage, sur une longueur d'une vingtaine de mètres, compléta les constructions du Séminaire et la clôture de la cour.

Pour se reposer de ses fatigues, M. de Laborie alla prêcher le carême à Brive (mars 1684)[2].

1. Manuscrit de Ducros, sur la fin.
2. Minutes de Pomel, notaire.

CHAPITRE XIV

M. DE LABORIE DONNE DE L'AIR ET DE L'ESPACE
A L'ÉCOLE CHRÉTIENNE DE FILLES

Immédiatement au-dessous des constructions et des
jardins du Séminaire, tel que nous venons de le dé-
crire, existait un terrain assez vaste entouré de rues
de trois côtés, à l'est, au midi, à l'ouest, non au nord,
où il était contigu aux possessions du Séminaire,
occupé par une dizaine de jardins et autant de maisons.

Il est vrai que M. de Laborie avait promis d'ouvrir
au midi du Séminaire un chemin large et commode
pour arriver du chemin de ronde à la rue qui longe le
cimetière au midi ; mais, craignant que ce chemin ne
fût un jour gênant, il avait fait remarquer aux consuls
qu'il ne serait en réalité utile à personne, puisque les
gens du faubourg arriveraient tout aussi facilement
à la rue du cimetière par les rues déjà existantes dans
le Claux,... et les consuls l'avaient dispensé d'ouvrir ce
chemin.

L'école des filles était déjà établie dans ce dédale.
de maisons et de jardins, mais le local occupé était

insuffisant, étroit, resserré, gêné par les voisins. C'est
là cependant que M. de Laborie veut que son école
soit définitivement fixée, et il la mettra dans des conditions parfaites d'air et de salubrité, en dépossédant
et en chassant la plupart des propriétaires, sinon tous,
de ce terrain très morcelé. Ce ne fut pas sans peine,
et on croit entendre, à la lecture de son testament, le
soupir qu'il dut pousser quand, parlant de cette école,
il écrivit ces mots : J'AI MIS LA BEAUCOUP D'ARGENT.
Essayons de faire le tour de cet enclos, ou mieux de
ces *claux* convoités : la promenade ne sera pas assez
longue pour devenir fatigante.

Au midi du jardin qui fut à M. Leblond, terrasse actuelle du Collège, à l'est, voici le jardin de M. Maurandy,
qu'il a acquis de Bernard Lacout. Il touche à l'est au
chemin de ronde de la ville, qui de là, suivant les murailles, descend à la porte du Pin. A l'ouest du jardin
de M. Maurandy est celui de M. Deffieux, passage ou
ruelle entre eux contournant le jardin Maurandy jusqu'à l'angle du jardin qui fut à M. Leblond. Au delà
du jardin de M. Deffieux, c'est le jardin de M. Guilhem
Roquette du Bruel, touchant à la rue ascendante actuelle du Claux, alors prolongée jusqu'au chevet de
l'église et au delà. Tous ces jardins étaient dans l'espace occupé aujourd'hui par la place publique au midi
de la terrasse du Collège. Sous le jardin de Guilhem
Roquette était un passage pour aller de la rue du Claux
au jardin de Ganil (hangar actuel des Mirepoises) et
aux jardins de Maurandy et Deffieux. A l'est du jardin
du sieur Ganil enfin commençait le *claux* (jardin fermé)
de M. Jean Gaillard, qui descendait le long du chemin

de ronde jusqu'à la première rue *traversière* du Claux, laquelle existe encore et va directement de l'est à l'ouest vers la rue ascendante du Claux déjà mentionnée. Suivons cette rue transversale. Après le claux de Jean Gaillard, c'est le jardin et une maison d'Isabeau de Biau, puis un angle du jardin de M. Boutaric, plus à l'ouest un passage remontant vers le nord jusqu'à la maison de Pierre Guisbert, à l'intérieur du moellon; enfin les étables et la maison de Nicolas la Pourceille, à l'angle, donnant à la fois sur la rue transversale et sur la rue ascendante du Claux. — En face de la maison de la Pourceille, à l'autre angle au-dessous de la rue, est la nouvelle chapellenie du Cayrol avec son jardin, depuis que l'ancienne a été démolie, comme il a été dit, pour les besoins de la citadelle. C'est là par conséquent l'habitation de droit des prêtres de la famille Ducros, qui ont possédé cette riche chapellenie pendant tout le dix-septième siècle, se la transmettant l'un à l'autre. — Au-dessus de la maison de Nicolas la Pourceille se trouve une maison occupée par les héritiers de Jean Marty, boucher, Auriac, Delsol, Froutgous, et enfin, un peu plus haut, la maison de Guillaume Boutaric, marchand, devenue par droit de succession la propriété de son petit-fils M. Paul Boutaric, prêtre, syndic du Séminaire. C'est là qu'est l'école des filles; arrêtons-nous-y un instant. La porte est sur la rue ascendante; en bas il y a une étable, deux caves, un chai, un autre petit chai et une sous-chambre, le tout tant bien que mal approprié pour salles d'école; au-dessus sont deux chambres, plus haut un poulailler et un galetas. A côté, vers le jardin, est un séchoir de châtaignes, et au-dessus du séchoir un pigeonnier, où il n'y a plus de pigeons, mais seulement de blanches colombes. Plus un jardin joignant et un autre jardin aussi joignant, d'une contenance totale de deux cartons une canne trois aunes ; confrontant le tout : du levant, avec maison d'Isabeau de Biau et claux de Jean Gaillard ; du midi, avec maison et jardin des héritiers de Jean Marty, maisons de Pierre Guisbert et de Nicolas la Pourceille, double au milieu ; du couchant, avec la maison de Jean Froutgous et rue du Claux allant de la porte du Pin à l'église Notre-Dame du Puy ; enfin du septentrion, avec les étables de Jean Maurandy, étables et autre maison d'Isabeau de Biau, ruelle au milieu, et jardin de Léonard Surgié. La ruelle au-dessus de la maison Boutaric, à l'entrée actuelle du jardin de la famille Fourgous, était un cul-de-sac allant buter contre la muraille du claux de Jean Gaillard. Au midi et au milieu de cette ruelle, entourée de trois côtés par les jardins de M. Boutaric, était la maison d'Escladines ; au nord de la ruelle, attenant au claux de Jean Gaillard, est le jardin du sieur L. Surgié ; plus à l'ouest, la seconde maison d'Isabeau de Biau, et à l'ouest de cette maison un passage remontant vers le nord jusqu'au jardin et cazal de Jean Granges ; à l'ouest du passage, maison et jardin du sieur Brau, cordonnier, et enfin à l'angle, sur la rue ascendante du Claux, les étables du sieur Jean Montsouty. Nous nous retrouvons à notre point de départ[1].

Remarquons que, depuis la confection du terrier qui nous a servi de guide, quelques jardins et maisons ont

____

1. Terrier de 1610, aux Archives de la ville.

changé de propriétaire. A la place des étables de Jean
Montsouty est la maison de Marie Froutgous ; la maison
et le jardin Brau et quelques autres à côté ont été
achetés par M. de Boutaric, président en l'élection,
qui y a construit une maison, la maison actuelle de
Mme Guary (Thomas). Le jardin de Guilhem Roquette
est passé à Mlle Borelly, qui en 1683 le cédera aux
demoiselles de Fraust.

Donc ce quartier était choisi pour être l'enclos des
écoles chrétiennes. Il fallut le débarrasser de tout ce
monde de propriétaires. L'attaque se fait de trois côtés
à la fois : par M. de Laborie lui-même, au nord-est ;
par M. Boutaric au sud, et par les demoiselles de Fraust
à l'ouest. Il serait facile d'aller rechercher dans les
minutes des notaires toute une série d'actes d'achat
ou d'échange, mais ce travail serait aussi fastidieux
qu'inutile. Signalons seulement quelques actes qui nous
sont tombés sous la main quand nous cherchions tout
autre chose.

D'abord M. Boutaric donne l'exemple : étant propriétaire, il se retire, donnant son immeuble. « L'an mil
six cent septante-un et le treizième jour du mois de
juin... devant moi notaire royal soussigné (M. Grant)
a été en sa personne constitué M. Paul Boutaric,
prêtre, lequel, de son bon gré, pure, franche et libre
volonté, désirant donner lieu à toutes filles, de quelle
condition ou état qu'elles soient, d'honorer, prier et
servir le bon Dieu et, pour cet effet, bailler et concéder une maison propre et commode, tant pour la
demeure des filles régentes, qui seront à cette fin des-
tinées comme elles le sont ores et déjà et qui sont :

demoiselles Marguerite de Cussonel de Lalo, Louise de
Viguier, Marguerite de Capval, Marguerite de Bonneville, Fleurette de Lacaze, Anne de Marsinhes ; que
pour y faire des classes pour élever et instruire à l'avenir en la crainte de Dieu toutes celles qui voudront
y venir, tant par la lecture des bons livres qu'autrement,... a librement et volontairement donné auxdites demoiselles régentes et à celles qui leur succé-
deront, savoir est : une sienne maison, patus et jardin
et tout ce qui en dépend, le tout assis en cette ville, au
lieu dit le Claux, et toute telle et en la même forme et
condition qui lui fut donnée et léguée par le feu sieur
son père, lors de son dernier et valable testament, à
laquelle maison et jardin lesdites régentes habitent
présentement. Si elles cessaient de faire l'école, la
maison irait au prieur du Puy ou au supérieur que
l'évêque diocésain mettrait au petit séminaire déjà
établi. Le donateur se réserve encore que les régentes
ne pourront admettre aucune, nouvelle compagne, ni
en exclure aucune, sans sa participation et, après sa
mort, sans celle du supérieur du petit séminaire[1]. »

M. de Laborie n'approuva pas cette rédaction : il fallut revenir chez le notaire le 30 du même mois et ajouter
une correction à la minute, et cette fois il fut présent.
Il a l'habitude, lui, de s'effacer et de mettre partout
l'évêque à sa place. C'est pourquoi M. Boutaric déclare
qu'il a relu son acte de donation, qu'il craint que sa
dernière réserve ne prête à mauvaise interprétation,
qu'il n'entend nullement étendre sa réserve aux filles

---

1. Papiers de M. J.-B. Champeval.

qui pourraient être envoyées ou retirées par Mgr l'évêque, ce qui serait contre le respect qu'il a pour les ordres dudit seigneur.

La première rédaction nous fait connaître la vérité : l'école dépend du supérieur du Séminaire comme fondateur, et pour le moment de M. Boutaric, qui en a la direction ; la seconde nous dévoile la pensée intime de M. de Laborie, qui, regardant toujours l'avenir, non le présent, met l'évêque du diocèse à la tête de toutes ses œuvres pour en assurer la durée.

Les demoiselles de Fraust, peu d'années après, au plus tard dès 1675, avaient acheté maison et jardins au nord de la maison qui vient d'être donnée aux demoiselles régentes, notamment la maison et les jardins de M. de Boutaric, président en l'élection. Elles achètent dans l'intention de tout laisser à l'école ; mais elles gardent la propriété de leurs acquisitions pendant leur vie, transportent leur domicile à côté de l'école, dont elles deviennent comme la providence, et vivent dans l'intimité avec ces demoiselles, et tout particulièrement avec Mlle de Cussonel.

Le 1er février 1680, M. de Laborie et M. Antoine Maurandy se présentèrent chez M. Pomel, notaire, et, par mutuelle et réciproque spéculation, désirant s'accommoder l'un l'autre, passèrent un contrat aux termes duquel M. de Laborie cède au sieur Maurandy un jardin qu'il possède dans l'intérieur du Claux, qu'il a acquis des héritiers de Jean Sourdès, marchand, et en retour M. Maurandy cède à M. de Laborie un jardin qu'il possède au haut du Claux, confrontant du chef avec le jardin que ledit sieur de Laborie a acquis de Me Pierre

Leblond, avocat, muraille entre eux sur laquelle il y a un pigeonnier; ladite muraille ci-dessus, bâtie à chaux et à sable, haute en haut de sept pans au-dessus de terre, et, en bas, de douze pans; confrontant, du côté du levant, avec les murailles de la ville, rue entre deux; en bas, vers le midi, avec jardin des demoiselles de Fraust de Lagarde, ci-devant à Pierre Ganil, procureur; d'autre côté, vers le septentrion, avec jardin de M. Fieux, apothicaire... Pour cet échange, M. de Laborie accorde une indemnité de cinquante livres. Il est à remarquer que le jardin qu'il donne en échange a appartenu aux héritiers de M. Jean Sourdès, le père de M. Mathieu Sourdès, prêtre, son vicaire. Celui-ci sans doute aura voulu favoriser les combinaisons du prieur en lui cédant un jardin appartenant à lui ou à ses frères.

C'est ainsi que peu à peu M. de Laborie donna de l'espace à son école et qu'il forma un des plus agréables et des plus salubres enclos de la ville.

L'école n'eut pas de grandes constructions comparables à celles du Séminaire, mais de vastes cours, des cloîtres au midi dans le jardin actuel de la famille Fourgous, plusieurs maisons autour des cours et, après la mort des demoiselles de Fraust, la maison et terrasse de Mme Thomas Guary, aujourd'hui encore presque telle qu'elle était alors. Cette maison, qui n'a qu'un étage, ne devait pas être élevée plus haut pour n'avoir pas vue sur la terrasse du Séminaire, et la clôture, au nord, était très haute pour soustraire le jardin, où les demoi selles prenaient leur récréation, à la vue de la terrasse du Séminaire. La chapelle était au-dessous de la maison des demoiselles de Fraust, là où est maintenant la maison appartenant à la famille Fourgous-Galtié, de construction plus récente.

Toutes les dépendances de l'école, au midi, ont été démolies : on peut voir encore de la rue la porte d'entrée de la maison Boutaric et la porte du chai, murées dans le mur de clôture du jardin des MM. Fourgous.

Cet enclos est trop bien situé pour n'être pas destiné à redevenir un jour ou l'autre un couvent ou une école.

CHAPITRE XV

M. DE LABORIE ENTREPREND DE RELEVER LES VOUTES DE
LA GRANDE NEF DE SON ÉGLISE. — DIFFICULTÉS IMPRÉ-
VUES.

Dès 1682, même avant d'avoir fait la moitié des constructions de son Séminaire, M. de Laborie se préparait
à de nouvelles dépenses. Mᵍʳ Le Jay ayant fait, cette
année-là, sa visite pastorale à Figeac, notre infatigable prieur l'entretint longuement du projet qu'il avait
élaboré de relever les grandes voûtes de l'église. Il
fallait trouver des ressources : jusqu'ici l'argent lui est
venu bénévolement, mais la charité se fatigue; il va
essayer des moyens légaux.

Sur sa demande, Mᵍʳ l'évêque arrête, par ordonnance
en cours de visites, que la réparation sera faite aux
frais des *fruits-prenants* : les fruits-prenants étaient
tous ceux qui retiraient récoltes, loyers, rentes des
immeubles situés dans les limites de la paroisse. Les
rôles furent étudiés, arrêtés et publiés en 1684, quand
la construction du Séminaire touchait à sa fin. Rien
n'était plus simple et plus juste que cette manière de
procéder, et les cotisations auraient été facilement re-

cueillies si, parmi les fruits-prenants, il ne s'était rencontré, et pour une large part, M. Jean-Armand de Fumée des Roches Saint-Quentin, abbé du chapitre. Il refusa de payer et protesta contre l'ordonnance épiscopale. Les chanoines, compris également parmi les fruits-prenants, au moins pour la plupart, se rangèrent naturellement du côté de l'abbé, et leur syndic dut défendre soit leurs droits, soit ceux de la Collégiale.

Les chanoines de l'époque étaient les suivants : M. Jean de Destroa, doyen ; M. Antoine de Palhasse, premier archidiacre, vicaire général de l'abbé ; M. Balthazar de Boutaric, deuxième archidiacre ; M. Antoine de Largentie, chantre ; MM. Pierre Ducros, Valentin de Fraust, Pierre de Colonges de Laurière, décédé en janvier 1684 et remplacé par Pierre Cayrol, clerc tonsuré, malgré les instances du sieur Maître Marre, curé de Saint-Martin-de-Laboubal, qui croyait avoir droit à la prébende comme gradué ; Balthazar de Fraust, autre Antoine de Largentie, Pierre Destroa, Pierre de Bouzou et Jean Boutaric, syndic, chanoines.

Un procès était inévitable : or M. de Laborie détestait les procès, et il avait introduit dans tous les règlements de ses confréries d'hommes qu'aucun procès n'existerait entre eux, et que le prieur de la confrérie désignerait des hommes prudents pour mettre les plaideurs d'accord à l'amiable. Il donna sa démission de prieur du Puy, restant toutefois supérieur du Séminaire. Quel fut son successeur ? Il a été impossible de trouver son nom, mais il est certain qu'il fut nommé et qu'il engagea le procès. En effet, pendant les années 1684 et 1685, M. de Laborie signait aux registres : « Delaborie, prieur ancien ; » ou encore : « Delaborie, prieur ancien de cette église, avec pouvoir de Mgr l'évêque et du prieur du Puy. » Nous ne saurions dire non plus si cette démission était sincère ou convenue avec l'évêque, pour laisser l'odieux du procès à un prêtre étranger à la ville et non destiné à y habiter jamais. Il est certain que le prieur démissionnaire avait repris sa charge quand lui fut signifié l'arrêt du conseil d'État qui déclarait abusive l'ordonnance de 1682.

Le prieur de 1685, voulant mettre à exécution l'ordonnance épiscopale, malgré l'opposition du Chapitre, demanda à Mgr l'intendant et obtint un arrêt qui la rendait obligatoire, et cet arrêt fut signifié au syndic du Chapitre par ministère d'huissier. Le syndic du Chapitre s'adressa d'abord à Mgr l'évêque, le priant de retirer et rétracter son ordonnance ; mais il n'eut pas de réponse. C'est pourquoi il s'adressa au conseil d'État et fit appel de l'ordonnance comme d'abus.

Il est dit, dans l'exposé fait au conseil d'État : « Ce n'est pas le Chapitre qui a démoli les voûtes, mais les ouvriers qui démolirent la citadelle : ce n'est donc pas à lui de les rebâtir, mais à ceux qui les jetèrent par terre. Les offices jusqu'ici ont été faits avec décence dans cette église, malgré l'absence des voûtes. S'il plaît aux paroissiens du Puy de donner à leur église une beauté dont elle pourrait se passer, ils n'ont pas consulté le Chapitre quand ils l'ont décidé, et le Chapitre n'a que faire de contribuer à la dépense. Enfin rien n'est plus insoutenable que cette ordonnance épiscopale,... et l'arrêt qui la confirme a été porté sans connaissance de cause. »

Sur ce dernier point, le conseil d'État fut de l'avis du syndic du Chapitre. « Étant que les questions et contestations concernant les réparations des églises sont de la connaissance de nos juges, à l'exclusion de la juridiction ordinaire, avec l'assistance des juges et officiers des lieux,... et qu'ainsi ladite ordonnance est manifestement abusive et constitue une entreprise évidente contre la juridiction royale,... les parties devront se présenter devant le tribunal compétent pour se voir administrer bonne et briève justice, car tel est notre bon plaisir. » (12 juin 1687.)

Dans le document d'où ces détails sont pris[1], il est question du *prédécesseur* de M. de Laborie, qui, en 1685, avait obtenu l'arrêt confirmatif de l'ordonnance dont appel : le nom de ce prédécesseur n'y est pas.

L'affaire fut portée devant le parlement de Toulouse, et le syndic du Chapitre, ne se contentant pas de se défendre contre le Puy, attaqua la ville et les consuls comme responsables des dégâts de 1622 et obligés de réparer l'église à leurs frais.

Ce fut pour le prieur du Puy une bonne fortune : il s'effaça et laissa les consuls et le Chapitre se débattre entre eux. Pour plus ample intelligence des choses de ce temps, des détails vont suivre qu'il n'est pas possible de passer sous silence, tant ils prennent de place dans les affaires de la ville à cette époque.

Quand ce dernier procès éclata, un autre des plus retentissants et des plus coûteux, entre les consuls et

---

1. Vieux parchemin parmi les papiers appartenant à l'auteur de ce livre.

M. de Fumée des Roches-Saint-Quentin, touchait à sa
fin. En 1675, a-t-il été déjà dit, les chanoines eurent
quelques velléités de réparer leur église; ils n'avaient
pas de fonds, et les consuls ne voulurent pas s'engager
au delà de neuf cents livres payables après six années :
l'abbé et les chanoines auraient dû faire les frais de
leurs propres deniers; c'était dur. C'est alors que vint
à M. de Fumée une idée dont la conséquence était que
le relèvement de la Collégiale allait se faire aux frais
de la ville.

Oubliant que du temps de l'abbé Béranger une véritable révolution avait eu lieu à Figeac; que l'abbé, ne
pouvant plus maintenir l'ordre, avait été obligé de céder la justice au roi; que dans l'acte qui intervint il est
dit (article X) que les consuls posséderont les places et
les rues et les chemins publics de la ville et du district
avec droits et honneurs attachés à cette possession; que
lorsque l'abbé voulut réserver ses droits et ceux du
monastère, les consuls firent ajouter : « Si tant est qu'il
en existe; » *salvo jure abbatis et monasterii*, SI QUOD
HABENT *in estris et tabulis*[1]; que ces droits, contestés dès
le treizième siècle, étaient restés lettre morte depuis
quatre cents ans; oubliant tout cela, M. de Fumée se dé-
clara seul et vrai seigneur de la ville et du district, et,
passant de suite du principe aux faits, il assigna certains
marchands à lui payer des droits seigneuriaux dont ils
entendaient parler pour la première fois. Les marchands
effrayés coururent à la maison consulaire et montrèrent
aux consuls les exploits des huissiers. Ceux-ci délibé-

____

1. Voir *Origine et ancienne constitution de la commune*

rèrent qu'ils défendraient envers et contre tous les libertés, franchises et immunités de la ville, et enjoignirent aux habitants de ne pas payer un seul denier au prétendu seigneur du territoire.

Ils recherchèrent leurs titres et exhumèrent de la poussière des archives la fameuse *Pipine* (charte de Pépin), jadis rédigée de mémoire et arrangée par les moines du quatorzième siècle selon les passions et les besoins du jour, mais suivie du cortège imposant des chartes de dix rois qui tous confirmaient les franchises et immunités de la ville, cent fois plus respectable comme pièce juridique que comme document historique[1].

L'affaire alla en parlement. Sur ces entrefaites, un *Te Deum* fut chanté au Chapitre pour remercier Dieu d'une nouvelle victoire que les armées royales venaient de remporter : les officiers de la cour furent invités, non les consuls. Ceux-ci délibérèrent, le lendemain, que le Puy serait prié d'en chanter un second, le dimanche suivant après vêpres, auquel ils assisteraient en corps et au grand complet. Par suite, quand, quelque temps après, les chanoines eurent à demander un secours aux consuls, la proposition fut poliment renvoyée à l'an prochain, pour être plus amplement délibéré. Quand, la chaussée de la Laute ayant été emportée par les eaux, les habitants du faubourg du Pin demandèrent qu'elle fût restaurée, les chanoines se présentèrent et offrirent de faire la réparation à leurs frais (comme c'était leur devoir, étant propriétaires des moulins), mais à la condition, ajoutèrent-ils, « que la

---

1. Voir *Question de prééminence*.

ville nous abandonnera le communal voisin, dit patus
de la Laute ». Les consuls, se posant à leur tour en
seigneurs de la terre, répondirent plaisamment : « Si
ces messieurs les chanoines ou les meuniers veulent
prendre ledit patus en emphytéose, il leur sera baillé
avec les formalités de droit[1]. »

Les consuls entretenaient un avocat à Toulouse pour
surveiller le procès et empêcher une décision par surprise. M. Turalure, qui s'y trouvait depuis quelque
temps, ayant à rentrer à Figeac, demanda qu'un cheval
fût envoyé à Montauban pour lui faciliter le voyage;
mais ce fut un homme de pied que les consuls envoyèrent à Toulouse, pour le prier d'attendre quelques jours
qu'un nouvel avocat vînt prendre sa place.

C'étaient de gros frais. En 1679, M. de Montbrun es-
saya de terminer l'affaire à l'amiable, et proposa cette
solution aux consuls de la part de l'abbé. Ils acceptèrent la proposition avec empressement. MM. de Laporte,
premier consul; Leblond, Turalure et Tournemire, avocats, partent pour Toulouse; les arbitres sont désignés;
mais un jour M. l'abbé dîne chez un grand personnage,
un autre jour tel ou tel des arbitres fait défaut, ou bien
M. l'abbé pose des conditions nouvelles et demande
l'adjonction de nouveaux membres aux délibérations.
Les réunions sont renvoyées du soir au matin et du
matin au soir, de sorte qu'il n'y en eut que deux en
vingt jours. Après ce temps, M. de Fumée annonça que
des affaires urgentes l'appelaient à Montauban, et il

---

1. Pour ce détail et autres qui précèdent ou suivent, voir les
délibérations des consuls, aux Archives de la ville.

quitta Toulouse. Les délégués de Figeac jugèrent prudent d'en faire autant, et le procès continua.

En 1683, Mgr l'intendant proposa une nouvelle conciliation. On se rendit à Montauban ; mais, après plusieurs séances, les arbitres refusèrent de se prononcer ; ils ne voulaient pas donner droit à l'abbé, mal fondé en ses prétentions, et ils ne voulaient pas le condamner, par déférence. Il le comprit, et le procès fut évoqué par lui peu de temps après.

En 1688, les consuls se demandèrent s'il ne serait pas mieux de soumettre à un arbitrage à l'amiable le procès relatif aux voûtes. M. de Laborie offrit d'aller à Toulouse lui-même et de tout arranger : les consuls hésitèrent, redoutant peut-être sa bonté d'âme et son amour de la paix. En 1690, ils se décidèrent à payer les frais et à arrêter les débats.

Quant à M. de Laborie, il fera ses réparations comme il pourra, avec les ressources que la Providence lui enverra : il renonce d'ores et déjà à celles que les hommes lui refusent.

CHAPITRE XVI

DIFFICULTÉS BUDGÉTAIRES. — LE DROIT D'AMORTISSEMENT

Les œuvres entreprises par M. de Laborie coûtèrent des sommes énormes, et on se demandait de son temps où il trouvait l'argent qu'il dépensait. A qui jette sur cette vie si longue et si remplie, ne serait-ce qu'un regard superficiel, la même question se présente toujours : où trouvait-il l'argent ? Son testament nous l'apprend : il dépensa une partie de son patrimoine, les revenus de la métairie de sa mère, qu'il garda jusqu'à sa mort, ses biens ou revenus ecclésiastiques, et les biens que les âmes charitables mirent entre ses mains.

Confiant en la Providence et absolument détaché des biens de la terre, il dépensait toujours et n'était jamais plus content que lorsqu'il avait tout dépensé et qu'il ne lui restait plus rien. Il lui suffisait, et la justice et la prudence le demandaient ainsi, il lui suffisait de se sentir appuyé sur une réserve de patrimoine qui, en cas de mort, mit à l'abri ses créanciers. Comme il redoute l'attachement à l'argent, et comme il recommande à ces prêtres, qui gouverneront le Séminaire après lui, de ne jamais thésauriser, mais de dépenser annuellement, en bourses pour les enfants pauvres, jusqu'au dernier sou des ressources annuelles !

Une loi de l'ordre physique veut que le plein se rétablisse à mesure qu'un effort produit le vide ; quelque chose de pareil se passe dans l'ordre moral, et particulièrement pour qui s'occupe de bonnes œuvres : qui ne dépense rien n'a rien, et qui dépense à pleines mains a toujours les mains pleines. Ce n'est pas cependant que le courage ou l'audace à entreprendre mettent à l'abri des ennuis, des embarras, des angoisses de l'âme, aux moments difficiles ; mais enfin le proverbe dit : « Aide-toi, et le Ciel t'aidera. » Le Ciel aida M. de Laborie. Il n'est pas moins admirable pour son courage à entreprendre, sa patience à supporter, sa persévérance à toujours recommencer, sans jamais se lasser ni prendre un peu de repos. Seul l'amour ardent du bien opéré pour son Dieu, pour les âmes, pour les pauvres, lui donna le goût des œuvres ; seule la grâce, sans laquelle on ne fait rien, avec laquelle on fait tout et que Dieu ne lui ménagea pas, le fit réussir.

Les premières dépenses pour l'église furent facilement réglées, les premiers achats de terrain ne le mirent pas dans l'embarras ; mais la construction du Séminaire épuisa ses ressources ; et pour payer ses derniers comptes il emprunta, se réservant de faire rentrer peu à peu les choses dans l'ordre, à mesure que les ressources arriveraient.

Il n'avait pas encore construit les classes du collège en 1683, mais le Séminaire était terminé, à peu de chose près. Il voulut, avant d'entreprendre la dernière

aile, au nord, alléger un peu son fardeau en s'appuyant
sur l'administration de son Séminaire et en donnant
pour gage à ses créanciers l'immeuble même pour lequel il avait contracté les dettes.

« L'an mil six cent quatre-vingt-trois et le huitième
jour du mois de mai, à Figeac, après midi, dans une
salle du Séminaire, assemblés en corps de communauté
et au son de la cloche, MM. Ant. Nevoltry, prêtre, assistant et économe dudit Séminaire; François Cerle et
Louis Redon, prêtres du même Séminaire, tous Oblats de
Marie présentée au Temple, de l'Institut de feu M. Bonal,
il a été proposé par le sieur Nevoltry que M. Maître Antoine de Laborie, prieur de l'église de Notre-Dame du
Puy, dudit Figeac, et supérieur dudit Séminaire, allant
faire un voyage, l'avait chargé d'assembler la communauté et de lui représenter que, depuis treize ou quatorze ans que le Séminaire existe, il a fourni aux frais
du bâtiment et de la subsistance: ce qui ne peut se
désavouer, vu que ledit Séminaire n'a aucun fonds d'où
il puisse tirer de quoi faire ces frais, n'ayant pour tout
revenu établi que huit cents livres, qui sont données,
quatre cents par le roi et quatre cents par la ville,
pour le gage de quatre régents, que ledit sieur prieur
est chargé d'entretenir et qui consomment bien cette
somme ou approchant, pour leur nourriture ou entretien; si bien que ledit sieur de Laborie s'est trouvé engagé à de grands frais, et même à emprunter diverses
sommes pour fournir aux dépenses tant des bâtiments
que de la subsistance dudit Séminaire. C'est pourquoi,
encore qu'il soit dans le désir de continuer à employer
tout ce qu'il a de bien pour soutenir l'établissement et

autres bonnes œuvres déjà commencées, il voudrait pourtant qu'on règle ce qui pourrait lui être dû pour les avances faites, lesquelles, ayant été examinées par ledit sieur Nevoltry et autres, se sont trouvées monter à plus de cinquante mille livres, sans y comprendre les quatre mille données par feu Mgr de Sevin, ni quelques autres sommes empruntées par l'administration du Séminaire : laquelle somme de cinquante mille livres ledit sieur prieur a offert libéralement de réduire à trente mille pour tout compte jusqu'à ce jour.

« Sur quoi le sieur Nevoltry ayant prié les sieurs Cerle et Redon de délibérer, et ayant compté les voix, il a été unanimement reconnu qu'on ne pouvait refuser de faire ce que le sieur prieur demandait, parce que cela est plein de justice; qu'il était même avantageux de le faire, puisque le sieur prieur relâchait plus de vingt mille livres de ce qui lui était justement dû, et qu'on savait bien d'ailleurs qu'il ne voulait pas par là incommoder la maison, qu'il ne manquerait pas de considérer toujours comme un ouvrage que Dieu a fait par son ministère. C'est pourquoi il a été résolu d'un commun accord qu'on passerait audit sieur de Laborie, prieur, une obligation de trente mille livres et qu'on lui donnerait hypothèque sur tous les biens dudit Séminaire, et par exprès la maison nouvellement bâtie toute à ses frais (à Marsal), sauf quelques sommes qu'il a reçues de Mlle de Lamothe, et par exprès encore la vigne nouvellement plantée à Marsal-le-Haut, ledit sieur ayant fourni l'argent nécessaire pour la planter. » Ainsi fut fait[1].

____

1. Minutes de M. Pomel, notaire.

Il fallait lire cette pièce en entier ; elle éclaire bien des points obscurs. Mgr de Sevin, qu'on croyait avoir bâti le Séminaire, n'a donné en quatorze années qu'un subside de quatre mille livres. Le Séminaire reste ainsi l'œuvre personnelle de M. de Laborie, « un ouvrage que Dieu a fait par ses mains ». Il a, lui, dépensé cinquante mille livres en sus des dons qu'il a pu recevoir.

Par cinquante mille livres, il ne faut pas entendre cinquante mille francs. Il y a deux cents ans, la pension d'un élève était comptée cent livres : c'est aujourd'hui quatre cents francs ; on donnait par testament dix livres à chaque couvent de la ville, à la charge pour les religieux de dire quarante messes : il faudrait aujourd'hui six fois autant de francs ; M. Molé vivait à Paris, aux frais des consuls, a raison de deux livres par jour : il faudrait aujourd'hui de huit à dix francs ; les maçons entreprenaient la bâtisse à raison de quarante ou cinquante sous la canne carrée : ils demanderaient aujourd'hui huit ou dix francs ; une poule valait huit sous, et les consuls taxaient la viande à quatre, six ou huit sous, selon qualité, la livre de quarante onces poids de marc, car telle était la livre de Figeac en usage dans les boucheries.

Il suit de là que l'argent vaut aujourd'hui quatre ou cinq fois moins que du temps de M. de Laborie. Tout était relatif : si l'argent valait davantage, il servait à payer plus de marchandise ou plus d'ouvrage ; il coûtait aussi davantage à acquérir ; la vie n'était pas plus commode, ni les grands ouvrages moins coûteux. Cinquante mille livres répondent à deux cent mille francs et plus d'aujourd'hui, et l'obligation de trente mille livres était en réalité une obligation de cent vingt mille francs.

La situation du Séminaire était loin d'être prospère en 1690 : les réparations déjà faites étaient payées, mais au moyen d'emprunts : il fallait vivre, solder les intérêts, diminuer la dette. La difficulté du moment était réelle sans être insoluble ; le public l'exagéra dans ses appréciations, et la panique se mit parmi les créanciers. Plusieurs demandèrent à être payés, menaçant le Séminaire d'une saisie générale ; d'autres actionnèrent M. de Laborie personnellement comme caution : M. de Lacoste, prêtre, pour une obligation de trois mille livres, du 19 décembre 1678 ; M. Baduel, curé de Bournazel-en-Rouergue, pour une obligation de neuf cents livres, du 19 septembre 1680 ; etc.

Le dernier jour de février, la commission administrative du Séminaire, réunie pour aviser, autorise le sieur Nevoltry, syndic, à aliéner les biens-fonds de l'établissement, et le lendemain, 1er mars, M. de Laborie achète, à pacte de rachat, pour la somme de quatre mille livres, à déduire des trente mille qui lui sont dues, le vignoble de Marsal, de la contenance de deux cents journées à fossoyer, et le fief de Mazarguil, donné par Mlle de Lagarde, comme il sera dit au chapitre suivant, et il s'engage, à ces conditions, à « rendre taisants » les créanciers les plus pressés[1]. Il prit possession du vignoble de Marsal, mais non du fief de Mazarguil.

On vivait péniblement, mais paisiblement, depuis quelques mois, quand parut, le 25 juillet, une déclara-

---

1. Minutes de M. Grant, notaire, papiers de M. J.-B. Champeval.

tion royale, bientôt suivie d'un arrêt du conseil d'État
(27 août) mettant en vigueur le *droit d'amortissement*.
Le roi avait besoin d'argent ; et quand les anciens im-
pôts n'en donnaient pas suffisamment, ses hommes de
finance avaient soin d'en inventer de nouveaux. Les
biens de mainmorte, considérés jusque-là comme biens
d'utilité publique et générale, étaient traités comme les
terres nobles et exempts de tout impôt, comme le sont
encore aujourd'hui les églises, les tribunaux, les chemins publics. Le droit d'amortissement les atteignit, et
ce fut un grand émoi, d'un bout de la France à l'autre,
dans tous les établissements religieux, à peu près les
seuls en cause. L'impôt d'accroissement ou d'abonne-
ment, toujours à l'occasion des biens de mainmorte,
n'en a pas produit un plus grand en ces derniers temps.
Il faut entendre par droit d'amortissement une taxe à
payer pour maintenir ou pour faire passer à l'état de
mainmorte un immeuble de quelque nature qu'il fût,
ou même les rentes, cens ou autres biens. Toute per-
sonnalité morale, en possession de biens de cette nature, dut faire sa déclaration au fisc et payer la taxe.

Celle du Séminaire fut considérable et approcha de
deux mille livres : comme on dirait aujourd'hui, de
huit à dix mille francs. Plusieurs prêtres de la communauté, effrayés, ne savaient pas assez dire que c'était
la ruine définitive de l'établissement. Ces paroles furent
répétées au dehors : plusieurs créanciers non encore
satisfaits demandèrent à rentrer immédiatement dans
leurs fonds, les fournisseurs portèrent leurs notes, et,
pour comble de malheur, Jean-Armand de Fumée,
l'abbé de la collégiale, chargé par le roi de faire ren-

trer cet impôt, comme les consuls faisaient rentrer les tailles, M. de Fumée, voyant que le Séminaire ne se hâtait pas de passer à la caisse, fit opérer une saisie sur tous les biens et rentes de l'établissement. Depuis quelque temps M. de Fumée, abbé non seulement de Figeac, mais même de Conques, était tous les jours chez les notaires pour mettre en bail à ferme les fruits décimaux des nombreuses églises possédées par les deux monastères, ou s'entendre avec les desservants qu'il y plaçait à la portion congrue et se conformer aux instructions royales de 1686 et 1689 sur cette matière. C'est pourquoi il prenait facilement les airs et les rigueurs des hommes de banque ou de finance.

La saisie des biens du Séminaire combla la mesure : les timides opinèrent qu'il n'y avait qu'à évacuer la maison et se disposèrent à faire leurs malles. Ce fut pour le cher prieur un moment vraiment pénible. Il ne pouvait pas cependant, après avoir dépensé cent mille livres pour son œuvre, la laisser périr pour ce misérable impôt qui n'en demandait que deux mille. Il réunit la communauté et s'efforça de rendre un peu de calme et de confiance aux âmes. « La Providence, dit-il, ne nous a pas délaissés jusqu'ici; pourquoi tremblez-vous, hommes de peu de foi ? » Fort contre l'épreuve comme le roc contre l'orage et la tempête, cet homme de fer s'adressa aux administrateurs de son Séminaire : « Vendez-moi, dit-il, ce qui reste encore de biens à l'établissement. J'arrêterai les frais des saisies, et pour la seconde fois je rendrai taisants nos créanciers impatients. »

« Le conseil d'administration se réunit le 8 novem-

bre, au son de la cloche, en corps de communauté.
Furent présents : MM. Antoine Nevoltry, syndic; Exupère de Blanchefort, curé de Notre-Dame de la Capelle;
François Boyé, Géraud Pomarède, Mathieu Sourdès et
Antoine de Laborie, prieur de Notre-Dame du Puy et
supérieur du Séminaire, qui refusa de présider, tous
prêtres de la communauté du Puy. M. Nevoltry expose
que le Séminaire a été taxé à de grandes sommes pour
le droit d'amortissement, que Sa Majesté a ordonné de
payer pour fonds, rentes, cens et autres biens, en conséquence de divers édits et déclarations; que pour le
payement de cette taxe, tous ces biens, cens et rentes
ont été saisis et arrêtés, à la requête du sieur de Fumée,
chargé de la perception de ces droits; que, d'un autre
côté, plusieurs créanciers du Séminaire, au bruit de
cette taxe, ont demandé payement de sommes qui leur
sont dues, et que même des créanciers personnels de
M. de Laborie le pressent pour le payement de sommes
qui ont été employées pour le Séminaire; que, ce
voyant, quelques-uns de nos messieurs ont eu la pensée de se retirer, et qu'ils l'auraient fait si M. de Laborie
ne leur eût promis de faire cesser toutes poursuites.
M. Nevoltry a représenté encore que M. de Laborie a
été déjà prié d'accepter la rente du fief de Mazarguil,
pour le prix de deux mille livres, et que acte a été passé
dans ce sens le 1ᵉʳ mars dernier; mais qu'il n'a pas
pris possession de cette rente et que même depuis il
a essayé de la vendre sans y réussir, à cause de l'éloignement et parce que, étant sise en mauvais fond, la
levée en est difficile et coûteuse; que toutefois il y a
lieu, ce semble, de prier de nouveau M. de Laborie de

prendre cette rente pour ladite somme et aux conditions stipulées au mois de mars, à la charge pour lui
notamment de remplir les conditions imposées par
Mlle de Puymerle. Sur quoi il a été délibéré et unanimement reconnu que, ledit Séminaire n'ayant pas d'autre moyen de faire de l'argent, il y a lieu de prier une
seconde fois M. de Laborie de donner suite au contrat
du 1er mars, d'arrêter les frais des poursuites et de
rendre taisants les créanciers les plus pressés[1]. »

M. de Laborie accepta, signa le nouvel acte et se mit
de suite à l'œuvre pour faire de l'argent. Il alla d'abord
trouver son fidèle ami M. Puniet, qui avait déjà prêté
au Séminaire une somme de dix mille livres, et lui vendit pour douze cents livres sa rente assise sur les fiefs
de Mauriat et Grimandens, reçue en 1681 de demoiselle
de Gasc de Lagarquie, veuve d'Antoine d'Audigé de
Lherm. Puis il cède et transporte, pour la somme de
sept cent soixante-quinze livres, à Auguste Benazet,
maître cordonnier, une rente de dix-neuf livres sept
sous et six deniers, due par Antoine et Jean Delpon,
père et fils, et Marguerite de Rouziès, comme héritiers
de M. Suteressy, prieur de Lentillac, bienfaiteur du
Séminaire ; il provoque un accord entre les héritiers du
sieur Alary, beau-frère de Mlle Marguerite de Cussonel,
qui a ordonné par testament que tout le liquide de son
bien, dettes payées, fût mis aux mains de M. de Laborie pour être employé à son gré ; il mande venir noble
Bertrand de Colomb, seigneur de la Gorse et capitaine

1. Minutes de Pomel, notaire, ainsi que les faits qui précèdent
et qui suivent.

de cavalerie, avec lequel il est en compte pour un vieux
testament où le Séminaire figure comme légataire particulier, et demande règlement. M. de la Gorse se décharge sur M. de Lavaur, autre légataire. A ce dernier
M. de Laborie présente alors un compte détaillé et
compliqué de sommes dues, d'intérêts non payés, etc.,
pour lequel on transige à la somme de treize cent
soixante livres un sou et trois deniers ; et pour se libé-
rer, M. de Lavaur cède de suite à M. de Laborie une
vigne qu'il possède à Ambiane et une créance sur le
sieur Célier, bourgeois.

Puis c'est le tour de la dame d'Héraudy : M. de Laborie lui rappelle qu'elle doit cinq cents livres, par
obligation de l'an 1677 ; cent trente par autre obligation ; cent quatre-vingts à lui cédées par L. Redon ;
cent quatre-vingt-sept pour tailles par lui payées, etc.
On transige à la somme de treize cent soixante-cinq
livres huit deniers..., et pour payer elle cède une terre
au Ségala et une vigne à Concha.

Il avait accepté qu'Hélène de Redon, veuve du sieur
de Lasfargues, lui donnât tous ses biens, à la charge
pour lui de payer ses dettes. Il renonce à cette donation,
pour n'avoir pas à débourser pour les dettes des autres,
en ayant assez des siennes.

Il vend enfin toutes les rentes particulières acquises
par avances de fonds dans des liquidations difficiles où
il se trouvait mêlé, et toutes les terres cédées dans les
accords dont il vient d'être parlé. Il règle tous les
comptes urgents et il acquiert un calme relatif : la
crise était conjurée.

En 1691, il a encore un ennui pour sa vigne de

Marsal. M. Pierre Niel, curé de Lunan, l'assigna en la cour du sénéchal de la ville de Figeac, pour raison du droit de dîme de la plus grande partie de la susdite vigne, l'autre partie étant de la dépendance du Chapitre. La sentence le condamna à payer provisoirement le droit de dîme jusqu'aux bornes plantées d'un commun accord par ledit Niel et le syndic du Chapitre, conformément aux hoches et marques que le sieur Niel avait fait faire au temps des vendanges. Notre prieur fit appel de cette sentence en la cour du parlement, à Toulouse. Il donnait pour raisons : premièrement que, d'après les terriers, toute la vigne était dans le territoire de Figeac et nullement dans celui de Lunan ; secondement qu'il avait planté la vigne dans un terrain précédemment en friche, et que par suite, et par droit de *novale*, il ne devait de dîme à personne. Le sieur Niel répliquait que les terriers sont sans valeur juridique contre les faits dûment établis, et que la terre n'était pas restée assez longtemps en friche pour qu'il y eût lieu d'appliquer le droit de novale.

Mgr Henry-Guillaume Le Jay, étant à Figeac en tournée pastorale, décida que, sans toucher en rien à la question des limites, qui resterait indécise, les curés et l'abbé vivraient en paix, renonçant à toute discussion, et que la dîme serait payée par le prieur du Puy pour moitié au curé de Lunan, pour moitié au syndic du Chapitre, à raison de, sur dix-huit charges, une.

Au fond, c'était pour le prieur du Puy la perte du procès ; mais il se garda bien d'être d'un autre avis que son évêque, et le différend fut terminé.

Le même jour, dans la salle d'honneur du Séminaire,

l'évêque mit d'accord l'abbé propriétaire du bénéfice
de Faycelle, et les curés de Faycelle et de la Madeleine, relativement aux limites des paroisses pour la
perception des fruits décimaux et les droits de chacun d'eux sur la chapelle de Notre-Dame-del-Nouguié,
qu'on allait reconstruire dans la terre des héritiers de
Pierre Marty. Des sommes considérables étaient pour
cet effet aux mains de Marguerite de Froment.

CHAPITRE XVII

LA PROVIDENCE VIENT AU SECOURS DE M. DE LABORIE.
LES DEMOISELLES DE FRAUST

Comme on a déjà pu le voir par les pages qui précèdent, fréquemment M. de Laborie recevait des legs pour être les sommes léguées employées par lui comme bon lui semblerait, ou encore pour certaines œuvres déterminées, les missions, les écoles : il en recevait également pour les réparations de l'église ou fondations de chapellenies. Il n'y a à signaler aucun de ces petits legs, qui sont dans les habitudes de toute population chrétienne, n'ont rien d'extraordinaire en eux-mêmes et ne peuvent être d'aucun intérêt pour le lecteur; mais il n'est pas possible de laisser dans le silence et l'oubli le concours providentiel et fécond apporté par les demoiselles de Fraust aux principales œuvres de M. de Laborie.

Celui-ci rappelle leurs générosités dans son testament : il voulait, sans aucun doute, signaler ces nobles âmes à la reconnaissance publique; mais le testament est resté dans les minutes des notaires ou dans les casiers des avoués; le public ne l'a jamais lu; et s'il en eut d'abord quelque connaissance, il en perdit vite le souvenir.

Il n'est pas rare dans le monde d'entendre jeter le blâme aux personnes généreuses qui consacrent les biens de la terre à se faire des trésors et des amis dans le ciel, comme le conseille l'Évangile; mais à qui fait le bien gloire et honneurs sont dus. Si les demoiselles de Fraust avaient légué leur héritage à des neveux déjà abondamment pourvus des biens de la fortune, elles leur auraient donné le moyen de mener la vie à plus larges guides. C'est tout. Ces biens auraient été dissipés sans profit pour les pauvres, pour la religion, la société, la civilisation, et peut-être même sans profit pour ceux qui les auraient possédés, sinon à leur détriment. Elles les ont mis sans compter aux mains de M. de Laborie pour la fondation du Séminaire et des petites écoles : pendant cent vingt ans, des centaines de jeunes gens et de jeunes filles pauvres ont reçu par elles, dans ces établissements, l'éducation chrétienne et l'instruction gratuite. Prêtres, religieux, épouses chrétiennes, ils se sont acquittés, par leur zèle pour le bien et leurs bons exemples, envers la société, des bienfaits reçus par ces institutions sociales : quel bien immense accumulé au crédit et à l'honneur de ces fondations charitables et des fondateurs !

Et nous ne louerions pas les demoiselles de Fraust ? Dieu a magnifiquement récompensé ces nobles âmes; il faut de plus que les hommes connaissent leurs œuvres et que leurs noms soient arrachés à l'oubli, dans la ville du moins qui, depuis deux siècles, jouit de leurs bienfaits.

La famille de Fraust, au commencement du dix-septième siècle, comptait parmi les plus riches et les plus
honorées de la ville. Jean de Fraust est au premier
rang dans la commission qui rédigea le terrier de 1610.
Il habitait, dans la rue Droite et le Claux, une maison
plus brillante sans doute alors qu'aujourd'hui, située à
l'est de la rue qui monte dans le Claux, cinquante pas
en avant de la porte du Pin, dite *des Bonalistes*. Cette
maison prenait tout l'espace de la rue Droite à la rue
Longue du Claux : une partie est démolie depuis longtemps, et l'autre s'écroule.

Ce même Jean de Fraust possédait en outre une tan-
nerie à la place Gaillardy et maison à côté, la maison actuelle Lacaze; une maison à l'entrée de la rue
Turalure, près des murs; une maison et jardin sur le
petit Célé, aux Bains; une maison à la place Haute, à
l'ouest des boucheries de la ville; une autre à la place
Basse, au nord et à l'angle de la rue du Consulat. Il
avait une propriété à la Balatie, une à la Vayssière,
une à Herbemol, et des terres un peu partout.

Au temps de M. de Laborie, la famille était divisée
en deux branches : la branche aînée, qui vivait de ses
terres et de ses rentes; et la branche cadette, dans laquelle nous trouvons Balthazar de Fraust, président
de la sénéchaussée; Jean de Fraust, seigneur de la
Brousse, ancien conseiller en la cour des aides; Balthazar et Valentin de Fraust, chanoines à la collégiale. Ce
dernier, mort en 1689, est remplacé par un autre Valentin de Fraust, encore chanoine en 1710 et nommé en
tête du *Flosculi*. C'est encore Marie de Fraust, héritière
de Gilles de Fraust seigneur de Lascroux, son père, et

d'Étienne de Fraust seigneur de Mouquiès, son oncle, dont le fils est sieur de Fournarel ; elle est veuve du sieur d'Agen de Loupiac, seigneur de Labastide, ancien président de la cour des aides ; elle vit au château de Trapy et possède les fiefs de Salvagnac, de Saint-Loup et autres.

La branche aînée est représentée par Jean de Fraust, baron de Puy-Lagarde, écuyer en la grande écurie du roi ; François, son frère, seigneur de Lamothe ; Marianne de Fraust, unie au sieur Dumont, conseiller en la cour des Aides ; Jeanne, première du nom, demoiselle de Puymerle, et Jeanne, seconde du nom, demoiselle de Lamothe, ces deux dernières non mariées.

Le baron de Puy-Lagarde, quand il était à Figeac, habitait, dans la rue Boutaric, qui du Puy descend à la place Haute, la première maison à droite, avec cour, jardin et puits attenants. Quand il n'était pas à Figeac, il était dans son château et dans ses terres.

La paroisse Saint-Jacques de Puy-Lagarde était alors paroisse frontière appartenant au diocèse de Cahors, dans le triangle formé par Villefranche-de-Rouergue, Lalbenque et Caylus-de-Binette, plus près de cette dernière ville que des autres. Le château touchait à l'église, ou mieux l'église était dans l'enceinte du château. Les châtelains, par des ouvertures aujourd'hui murées, pouvaient, sans sortir de chez eux, pénétrer dans les tribunes. Le château est en ruines : une fière et haute tour reste encore, témoin attristé des grandeurs d'un autre âge, servant de refuge aux ramiers sans asile.

Lamothe est un hameau de la même localité, fief du château ; Puymerle en est un autre.

Les filles de Marianne de Fraust de Dumont sont : Gabrielle, veuve de Jean de Boutaric, sieur de Siscans, et en secondes noces épouse du sieur Fages, avocat ; Jeanne, épouse de Pierre d'Arnaldy, avocat ; Françoise, épouse de messire Henry-Louis de Lostanges, comte de Béduer ; Isabeau et Marguerite, non encore mariées en 1708. Marie de Dumont, épouse de Viguier, seigneur d'Auglanat ; G. de Dumont, épouse du sieur Dufau, lieutenant en la sénéchaussée, et autres, sont des parentes, filles probablement de M. Dumont de Plaisance.

La première, Gabrielle, se servait d'un sceau, qu'elle avait sans doute reçu de sa mère, aux armes des Lagarde : *d'or à un chêne de sinople et un lion de gueules couché (faisant la garde) au pied de l'arbre*, auxquelles est ajouté, en brisure, *un chef de gueules à un croissant d'or, entre deux étoiles de même*. Les armes des Lagarde étaient sur la porte de la maison de la rue Boutaric : le marteau du vandale ne les a pas épargnées.

Dès que M. Boutaric, prêtre, eut donné sa maison aux demoiselles régentes de l'école des filles, les demoiselles de Puymerle et de Lamothe se prirent d'une affection profonde pour l'œuvre nouvelle et, sans entrer dans la communauté de ces saintes institutrices du jeune âge, elles voulurent du moins vivre à côté d'elles, les voir à l'œuvre, jouir de leur conversation et les aider de tout leur pouvoir, selon les besoins.

A cet effet, elles amenèrent M. de Boutaric, président à l'élection, à leur vendre une maison qu'il avait récemment fait construire au-dessus de l'école, avec jardin attenant, et elles restèrent là jusqu'à la fin de leurs jours, avec une servante qui fut au commencement

Toinette de Froment, et à la fin Anne de Védrunes, vivant dans l'intimité avec les demoiselles de l'école et partageant leur temps entre les exercices de la piété et ceux de la charité.

Elles aidèrent M. de Laborie à bâtir la chapelle et les cloîtres aujourd'hui disparus. Toinette, leur servante, pieuse comme elles, fit, en janvier 1680, une fondation de douze messes, une chaque mois, à desservir dans l'église du Puy, à l'autel de Notre-Dame présentée au Temple, aujourd'hui de Saint-Joseph, en l'honneur spécialement de saint Antoine, son patron.

Au mois de décembre de la même année, le Séminaire étant déjà à demi construit, « Jeanne de Fraust, demoiselle de Puymerle, voulant contribuer à la dépense, prie son frère le baron, présentement en son château de Puy-Lagarde-les-Fuors, de lui délivrer la somme de quatre mille livres, en déduction de tant moins des droits de légitime à elle dus. Au lieu de donner cette somme, le sieur de Lagarde cède à sa sœur, à pacte de rachat, le fief de Mazarguil avec ses dépendances, les fiefs de Gaubertous, Lauzettes et le Colombier, situés ès paroisses de Lauresses et de Saint-Cirgues, sous la rente de vingt-deux setiers de seigle, mesure de Figeac, estimés à trois sous trois deniers d'argent, et quelques gelines, le tout portable au village de Mazarguil, avec tous droits de lods et ventes, et justice haute, moyenne et basse, et autres droits et devoirs seigneuriaux, énumérés dans la reconnaissance en date du 1er janvier 1615, passée entre la dame d'Ausonne et les habitants desdits fiefs.

« Le 12 avril 1681, par un pur motif de procurer

autant qu'il est en son pouvoir la gloire de Dieu et le
salut des âmes, voulant consacrer une partie de son
bien à un si saint usage, et considérant que la plupart
des bonnes œuvres qui se font dans la présente ville,
particulièrement dans la paroisse du Puy, par les retraites, les congrégations et autres œuvres de piété, se
font par le ministère des messieurs du Séminaire, et
qu'elles cesseraient si ledit Séminaire venait à se détruire, voulant, autant qu'il est en elle, prévenir cet
inconvénient, qui serait très considérable, et contribuer
non seulement à la continuation, mais même à l'aug-
mentation de ces œuvres,... ladite Jeanne de Fraust
donne audit Séminaire de Figeac, par donation pure
et simple et irrévocable, le fief de Mazarguil avec ses
dépendances, comme il est expliqué plus haut, à condition que les retraites seront continuées, que les messieurs du Séminaire, par eux ou par d'autres, feront les
instructions et entendront les confessions des personnes
de l'un et de l'autre sexe qui viendront pendant quelques jours suivre les exercices.

« Il sera dit, de plus, deux messes par semaine pour
elle ou pour les siens. Si le fief était racheté, le capital
serait de nouveau placé en rente pour assurer la fondation. Si le Séminaire venait à être fermé, les deux
tiers de la rente serviraient à doter des filles pauvres
ou à leur apprendre des métiers et vocations honnêtes
et propres à les tirer de la fainéantise et des occasions
de pécher, et à leur donner le moyen de vivre un jour
honnêtement de leur travail.

« Et pour ce faire, les demoiselles de l'École chrétienne seront choisies de préférence, afin qu'elles con-

tinuent les charitables soins qu'elles ont déjà commencé de prendre pour cela, quoique ce ne soit pas là leur principal emploi. »

Ce soin regardait, en effet, plus particulièrement la Maison de Piété. De Lamothe, frère de la donatrice, signe comme témoin avec les messieurs du Séminaire[1]. Trois jours après, M. de Laborie traite avec les maçons pour la seconde moitié du Séminaire.

Jeanne de Fraust de Lamothe, mûre pour le ciel, meurt âgée de trente-cinq ans, en avril 1681, laissant tous ses biens à sa sœur plus âgée, avec instructions secrètes pour tout employer en bonnes œuvres. Outre ce qu'elle avait entre ses mains, elle avait encore à toucher de son frère onze mille cinq cents livres, plus de quarante-cinq mille francs de notre monnaie. Jeanne de Puymerle, la survivante, demande le payement de cette somme à M. de Puy-Lagarde : « Oh! que nenni! répond celui-ci; le testament n'est pas suffisamment explicite; j'ai payé déjà et depuis peu de temps des sommes considérables soit à mes sœurs, soit au sieur prieur du Puy, suivant le désir qu'elles m'en avaient manifesté ; je ne suis pas en état de payer de nouveau, et quand je le serais, je me garderais bien de le faire, ne voulant pas m'exposer à payer une seconde fois, s'il se rencontrait plus tard des testaments plus clairement rédigés. » A quoi la demoiselle de Puymerle répliqua : « Il n'y a pas de plus récent testament que celui qui a été produit, et, s'il y en a de plus anciens, ils se trouvent annulés par le dernier en date. Quant aux intentions de

---

1. Minutes de Pomel, notaire.

la défunte, je suis prête à les faire connaître, si ledit seigneur baron veut entrer en compte à l'amiable... » Celui-ci acquiesçant, acte d'accord fut passé comme il suit : d'abord trois mille cinq cents livres sont distribuées en petits legs aux parents, aux églises, aux confréries, ou retenus pour honneurs funèbres, qui s'élevèrent à la somme de six cents livres, deux mille cinq cents francs de nos jours, en y comprenant toutefois les aumônes qui furent faites à l'occasion de la sépulture. Une somme de huit mille livres, plus de trente mille francs de notre monnaie, resta disponible. « Quant à cette somme, ladite feue demoiselle de Lamothe a toujours voulu et entendu, et s'en est plusieurs fois expliquée avec sa sœur, qu'elle fût délivrée et mise entre les mains de M. de Laborie, prieur de l'église du Puy, pour être employée tant au bâtiment du Séminaire qu'à autres choses que ledit prieur et ladite demoiselle de Puymerle trouveront à propos de faire, et que ledit seigneur baron, son frère, fût déchargé de ladite somme par la seule quittance dudit prieur. Le seigneur de Puy-Lagarde pourra prendre huit années pour payer cette somme, mille livres par année, mais avec intérêt au denier vingt, à partir du jour de la signature du contrat. »

Ont signé : Jeanne de Fraust; de Laborie, acceptant; Nevoltry et Cassagnade, présents; Pomel, notaire (22 août 1681).

Peu de jours après, M. de Laborie négociait son premier billet de mille livres chez le sieur Peyrières, marchand, banquier et marguillier du Puy.

Marianne de Fraust de Dumont n'était déjà plus et n'avait laissé que des filles; le sieur de Lagarde mourut peu d'années après, précédé au tombeau par ses propres enfants ; le sieur de Lamothe prit le nom et le titre de baron de Puy-Lagarde.

En 1693, Jeanne de Fraust, demoiselle de Puymerle, mourut à son tour, âgée de cinquante-huit ans, et fut ensevelie dans l'église du Puy, devant l'autel de la Présentation de Notre-Dame. Son testament, tout entier écrit de sa main, d'une écriture carrée, nourrie, ferme, régulière et lisible comme un imprimé, est une trop lumineuse confirmation de tout ce qui a été dit dans ce livre pour qu'il ne soit pas transcrit ici en toute sa teneur. Il est parmi les vieux papiers de M. J.-B. Champeval, avocat, provenant des minutes de Grant, notaire.

TESTAMENT DE MADEMOISELLE JEANNE DE FRAUST

« Je, Jeanne de Fraust, testatrice soussignée, pensant qu'à tout moment je puis mourir et que, dans les infirmités où je me trouve d'ordinaire, je ne puis pas beaucoup vivre, voyant que j'ai fait beaucoup de péchés et peu de pénitence, et désirant réparer le passé et faire quelque chose pour la gloire de Dieu et le salut de mon âme, après m'être munie du signe de la croix et avoir demandé la grâce à Dieu, par l'intercession de la bienheureuse Vierge, à qui je me consacre tout de nouveau pour être toute ma vie à elle, après avoir invoqué mon ange gardien, mes saints patrons et tous les anges et saints du paradis et donné mon corps et mon âme à Dieu, j'ai fait mon testament ainsi qu'il suit :

« Je veux que mon corps soit enseveli dans l'église de Notre-Dame du Puy ou dans le cimetière, le laissant à la disposition de mes héritiers, sans autre pompe ni cérémonie que les ordinaires, si ce n'est que je veux que les quatre paroisses soient priées d'y assister; et pour les religieux, je les prie de faire dans leurs églises les mêmes prières qu'ils auraient faites à mon enterrement, et que la même chose leur soit donnée que s'ils y avaient assisté.

« Je donne aux capucins vingt livres, et dix à chacun des autres quatre couvents de religieux mendiants, pour dire des messes pour mon âme incontinent après mon décès, à raison de six sols par messe.

« Je donne à l'église de Notre-Dame du Puy de cette ville cent livres, et je veux que la moitié soit employée pour la chapelle de la Présentation, et que du reste l'emploi de ces cent livres soit fait comme M. Deboria (*sic*), prieur du Puy, trouvera plus à propos pour la gloire de Dieu, et, s'il n'était pas en vie, celui qui tiendra sa place de supérieur du Séminaire.

« Plus, je donne à la congrégation du Saint-Sacrement quatre flambeaux de trois livres chacun.

« Plus, je donne à la congrégation des filles deux flambeaux de cire blanche de quatre livres chacun. Je donne aussi dix livres pour être mises entre les mains de la supérieure de la congrégation et être dépensées comme M. de Laborie (*sic*) trouvera à propos. Je demande à toutes les filles le secours de leurs prières.

« Je donne aussi la même somme de dix livres aux dames religieuses de Sainte-Claire, afin qu'elles me secourent de leurs prières.

« Je donne aux dames de la Miséricorde autres dix livres, pour être employées aux bonnes œuvres qu'elles font pour les pauvres honteux et pour secourir les filles qui sont en danger de se perdre. Plus, je donne dix livres pour les pauvres, surtout ceux du Claux.

« Je veux aussi qu'il soit donné pareille somme aux filles qui, par ordre de M. de Laboria (*sic*), prieur du Puy, ont soin des pauvres malades dans les quartiers qui leur sont assignés, et que l'argent soit mis entre ses mains ou entre les mains du prêtre qui leur fait la conférence, pour le leur distribuer.

« Je donne cent livres au Séminaire de cette ville, afin qu'il me dise un annuel de messes, le plus tôt qu'il se pourra, pour le soulagement de mon âme. Ayant considéré que le Séminaire a été obligé d'emprunter des sommes considérables pour les taxes et frais d'amortissement qu'il lui a fallu payer, ou pour sa subsistance, ce qui pourrait empêcher le fruit que ledit Séminaire fait pour le bien des âmes, ou même qu'on pourrait s'en prendre à la fondation que j'ai faite en sa faveur de vingt-deux setiers de blé de rente avec ses suites, sur le village de Mazarguil et autres voisins, et en diminuer ou retarder le service, je veux que mon héritière paye les dettes qui lui seront indiquées par M. Delaborie (*sic*), prieur du Puy et supérieur du Séminaire, ou par celui qui tiendra sa place après sa mort. Que si elle trouve des difficultés à retirer mon bien, ou si elle veut s'en épargner la peine, je la prie de s'en décharger sur ledit sieur Delaborie ou sur le Séminaire, qui pourra retirer cedit bien et l'employer à payer les sommes empruntées par lui avant la date du présent testament, surtout celles qui ont été payées pour ledit amortissement.

« Des sommes qui seront retirées des mains de mon frère ou de tout autre qui aura mes biens en sa possession, ils en demeureront quittes sur la simple signature dudit sieur Delaborie ou successeur, en payant une fois seulement, sans qu'ils puissent être recherchés après cela.

« Je veux aussi que mon héritière mette la somme de mille livres entre les mains de M. de Laborie (*sic*) pour une bonne œuvre que j'ai eu dessein de faire, il y a longtemps, et, en cas où ladite œuvre ne fût faite avant sa mort, je lui donne le pouvoir de nommer la personne qu'il jugera plus capable de l'achever, sans que néanmoins il soit obligé d'en rendre compte à personne, ni de découvrir ladite bonne œuvre qu'à mon héritière, au cas qu'il eût besoin de son secours pour l'exécution d'icelle, et non autrement.

« Je donne à l'Anne de Védrunes, ma servante, trente livres et l'habitation et l'entretien pendant un mois dans ma maison, aux dépens de mon bien, si elle est à mon service au moment de ma mort.

« Je donne à Jacques Bosc, mon filleul, trente livres pour apprendre un métier, pour vivre dans la crainte de Dieu.

« Plus, je donne à M. de Lamothe mon diamant, qui est du prix d'environ douze écus, ou la valeur, s'il se trouve perdu après ma mort. Je lui donne aussi mille livres que je veux qu'il baille à Jeanne, sa fille et ma filleule, lorsqu'elle s'établira dans quelque communauté ou dans le mariage; pour laquelle somme de mille livres, je veux qu'il soit pris neuf cents livres sur mon bien, et que les cent autres soient payées par le legs de même somme en ma faveur de Toinette de Fromental, encore dû par ledit sieur mon frère, moyennant quoi il demeurera quitte de ces cent livres.

« Je le prie de recevoir le peu que je lui donne comme un gage de mon affection et du désir que j'aurais de lui en donner de fortes preuves. J'espère de sa bonté pour moi qu'il ne trouvera pas mauvais que je donne la meilleure partie de mon bien en bonnes œuvres : mes infirmités m'ayant ôté le moyen de faire beaucoup de mon vivant, j'ai cru qu'il ne serait pas marri que j'employasse mon peu de bien pour la pénitence de mes péchés et pour la gloire de Dieu, voyant surtout qu'il en est lui-même avantageusement pourvu et que mes autres parents n'en manquent pas, et espérant que la disposition que j'en fais leur sera plus utile, le donnant à Dieu, que si je le leur donnais à eux-mêmes. Je les prie encore une fois non seulement de ne pas s'opposer à cette disposition, mais encore de la favoriser.

« Je donne à Jeanne de Dumont, ma filleule et ma nièce, mille livres. Je souhaiterais qu'elle fût assez heureuse pour se consacrer à Dieu dans quelque communauté. Et pour toutes les autres personnes prétendant à mon bien, je leur donne cinq sols.

« Toutes les sommes ci-dessus exprimées, je veux qu'elles soient une fois payées, savoir aux religieux dès qu'ils auront dit les messes, et les autres dans l'an après que mon héritière sera en possession de mon bien.

« Pour tout le reste de mon bien, je désire qu'il soit employé au service de Dieu et de la sainte Vierge et que les pauvres en soient les héritiers. C'est pourquoi

Mlle Marguerite de Cussonel de Lalo et moi nous étant unies depuis longtemps pour nous aider au service de Dieu et pour notre salut, je lui ai déclaré mes intentions et celles de ma sœur, à l'exécution desquelles elle m'a promis de contribuer, en tout ce qui dépendra de ses soins. C'est pourquoi je la choisis pour mon héritière et mon exécutrice testamentaire de tous mes biens, droits et actions, voulant qu'elle en dispose au plus tôt et sans distraction de quarte, ni diminution quelconque, de la manière que je lui ai marquée de parole ou par écrit; prohibant à mes parents ou à tous autres de s'ingérer à lui demander aucun compte de ce qui regarde mesdits biens, m'en reposant absolument sur sa bonne conscience et son amitié et son zèle pour la gloire de Dieu. C'est ma dernière volonté et disposition, que je veux valoir par forme de testament, codicille, légat pie, donation à cause de mort et de toute manière qu'elle pourra valoir; révoquant et annulant toute autre disposition testamentaire contraire à la présente, et en particulier quelque testament que j'aie fait avec cette clause dérogatoire : *Mon Dieu, je vous rends par justice ce que vous m'avez donné par amour;* révoquant lesdits testaments, en cas qu'il s'en trouve quelqu'un, et par exprès les légats pies qui y sont contenus, voulant qu'on n'ait égard qu'à ce que j'ai marqué à ladite demoiselle Marguerite de Cussonel de Lalo, mon héritière, et à la présente disposition que je veux être exécutée en sa forme et teneur comme mon dernier testament.

« Que s'il s'en trouve quelque autre qui n'ait pas cette forme dérogatoire : *Mon Dieu, que vous rendrai-je pour*

tout le bien que vous m'avez fait? je les déclare faux
et les révoque en tant que de besoin, voulant qu'on
n'ait égard qu'à celui-ci, que j'ai écrit de ma propre
main en six pages et signé au fond de chaque page.
A Figeac, le seize août mille six cent nonante-deux.

« J. DE FRAUST. »

« Ayant considéré depuis que j'ai fait mon testament
que M. de Lagarde est embarrassé dans beaucoup d'affaires qui pourraient faire qu'il lui sera difficile de
payer ce qui m'est dû de ma légitime, je veux qu'en
payant les intérêts on lui donne du temps pour le
payement, qu'on lui donne quatre ans. A Figeac, le
treize octobre mille six cent nonante-deux.

« J. DE FRAUST. »

Ce testament, fermé de dix cachets de cire rouge et
remis à M. Grant, notaire, fut ouvert par ce dernier le
6 mai 1693, en présence de François de Fraust de Lamothe, seigneur de Puy-Lagarde; de M. Dumont, ci-
devant conseiller en la cour souveraine des aides; de
demoiselle Anne de Dupuy, veuve de M. Jean de Fraust,
baron dudit Lagarde.

Le sieur Lamothe n'accepta pas le testament et
demanda au sénéchal de la ville de déclarer sa nullité,
le disant suggéré et capté. En cela il se montra moins
grand que son frère Jean, toujours de l'avis de ses
sœurs.

Le 4 août 1694, voyant que le sieur de Lagarde con-
teste le testament, Mlle Marguerite de Cussonel, crainte

de mourir avant la fin du procès, se présente devant
M. Pomel, son notaire, et déclare par acte authentique
quelles sont les intentions de Mlle de Fraust dont il
est question dans le testament et dont elle est seule
confidente.

Mlle Jeanne de Fraust a voulu que son bien fût employé, savoir :

1° Quelque peu à marier de pauvres filles qui n'ont
rien ou trop peu de leur maison et qui sans cela sont
en danger de se perdre, ce que la déposante a déjà
commencé de faire de son propre bien, ayant avancé
une partie de ce qu'elle était obligée de distribuer.

2° Mille livres doivent être données aux demoiselles
des Écoles chrétiennes pour être placées en rente perpétuelle pour aider lesdites demoiselles à faire, tous
les dimanches et jours de fête, la congrégation des filles,
et six retraites par an de femmes et de filles ; ainsi que
la maison et le jardin à elle appartenant, qui doit rester auxdites demoiselles pour la même fin ; et pour
éviter les inconvénients et désordres qui pourraient
arriver dans la suite, si la communauté avait vue sur
la terrasse du Séminaire, cette maison ne sera jamais
élevée plus haut qu'elle n'est.

3° Le reste doit servir à élever et instruire des jeunes
gens pauvres à l'esprit et à l'état ecclésiastique, dans
le Séminaire, en préférant les enfants de condition
pauvre aux autres et en proportion des revenus, le
Séminaire étant tenu d'en nourrir un pour chaque cent
livres de rente. Le tout doit être placé en rentes perpétuelles pour constituer solidement la bonne œuvre.

L'exécution et la surveillance de ces dispositions est

laissée aux bons soins de l'évêque du diocèse. S'il arrivait que le Séminaire fût fermé ou cessât de fonctionner, les susdites rentes seraient transportées à un autre, de préférence tenu par des prêtres de M. de Bonal.

Demoiselles de Fraust, honneur à vous! Et puissiez-vous avoir de loin en loin quelques imitateurs pour la gloire de Dieu, la prospérité des œuvres et la plus grande joie des petits et des pauvres!

Le sénéchal fit longtemps attendre sa sentence. Quels en furent les termes? Il serait difficile de le dire; les vers ont dévoré les papiers relatifs à ce procès : il n'en reste rien ni au greffe du tribunal ni aux Archives départementales. Comme toujours, les minutes des notaires devront y suppléer. La sentence cassa les dispositions testamentaires en ce qu'elles avaient de général ou d'universel, condamnant toutefois M. de Lamothe à payer les legs pieux particuliers, notamment et par exprès les mille livres qui devaient être mises aux mains de M. de Laborie pour une bonne œuvre de lui connue et de nul autre. Appel de cette sentence fut fait en parlement, à Toulouse, à la fois et par M. de Lamothe et par Mlle de Cussonel et par les messieurs du Séminaire. Par arrêt du mois d'avril 1707, le parlement débouta d'abord le sieur de Lamothe de son appel comme mal fondé, puis il confirma de tout point la sentence du sénéchal, rejetant en plus tous les dépens et expéditions tant du sénéchal que du parlement sur la succession. Ce qui, par suite de cet arrêt, revenait au seigneur de Puy-Lagarde pouvait s'élever à douze mille livres, frais à déduire.

Entre temps était intervenu M. Dumont, demandant,

pour le compte de ses filles, la moitié de la succession, que le seigneur de Lagarde dut payer, avec intérêt à partir du jour du décès de la demoiselle de Puymerle[1].

L'École chrétienne garda la maison dite depuis des Mirepoises et son jardin. Le Séminaire reçut les legs pieux qui lui revenaient, et garda jusqu'à la Révolution et sa vigne de Marsal et son fief de Mazarguil et autres terres encore.

1. Voir l'acte d'accord aux minutes de Pomel, notaire, sous la date du 17 août 1708.

CHAPITRE XVIII

Dès que toutes les constructions du Séminaire furent
terminées, M. de Laborie dut raser son ancienne maison presbytérale, collège primitif, qui avec son jardin
occupait le quart de ce qui devait être et est encore la
grande cour. La sacristie, très voisine de la maison, eut
forcément le même sort : une porte ogivale murée,
visible encore au dehors, cachée dans l'église par un
confessionnal, était l'issue par laquelle on y aboutissait.

Donc, quand tout fut rasé, nivelé et nettoyé, le bon
prieur s'aperçut qu'il n'avait plus de sacristie. Il ne
pouvait pas en construire une autre au midi sans
nuire à la régularité et à l'aspect de l'édifice; il pré-
féra s'adresser aux administrateurs du Séminaire, et
prendre une des salles basses de l'aile qui venait
rejoindre l'église au nord-est.

« L'an 1692 et le 21 janvier, ont été assemblés, en
corps de communauté, MM. maîtres Antoine Nevoltry,... Exupère de Blanchefort-de-Peze..., Géraud
Pomarède, assistant, et Mathieu Sourdès. ., et a été

proposé par ledit sieur Nevoltry que M. de Laborie, prieur,... lui aurait dit qu'il ne se pouvait pas passer d'une sacristie et n'était pas en état d'en construire une, n'ayant pas de fonds, ni MM. les marguilliers non plus, et y ayant encore d'autres réparations plus urgentes à faire, comme sont les grandes voûtes. Le sieur de Laborie l'aurait prié de proposer à l'assemblée, si elle voudrait lui permettre de se servir, en attendant, d'une salle basse du petit bâtiment audit Séminaire qui joint ladite église, et de faire pour cela une ouverture entre les chapelles de Saint-François-de-Sales et de Sainte-Marguerite, lui ayant déclaré qu'il n'entend pas par ce moyen faire aucun préjudice au Séminaire, ni acquérir aucun droit de ce service dans la suite, ne demandant cette salle que jusqu'à ce qu'il aura pu faire bâtir une sacristie dans un autre endroit, consentant même par exprès que le Séminaire reprenne cette salle basse toutes et quantes fois il lui plaira, comme ne lui étant accordée que par un pur plaisir, auquel cas il s'oblige à faire rebâtir la dite ouverture à ses frais et dépens[1]. »

Vraiment, quand on demande de se servir d'un bien dont on est le maître comme supérieur, et même le propriétaire, pour avoir fait faire et payé ces constructions de ses propres deniers, on ne saurait être plus humble.

« Il fut délibéré unanimement et uniquement que, vu les services que le Séminaire a reçus de M. de Laborie, il lui sera permis et loisible de se servir de ladite salle basse, sa vie durant, sans qu'ils veuillent s'engager

1. Minutes de Pomel, notaire.

à faire la même grâce à ses successeurs, et afin que lesdits successeurs ne puissent prétendre aucuns droits à raison des frais d'appropriation, ces frais seront à la charge du Séminaire. A été résolu toutefois que les successeurs ou héritiers du sieur de Laborie seront tenus de faire fermer à leurs dépens, s'il y a lieu, l'ouverture qui va être pratiquée pour faire communiquer la salle avec l'église. »

Les voûtes n'étaient donc pas faites en 1692 ; elles l'étaient avant 1696, car cette année-là le retable fut posé, et il ne pouvait l'être avant la construction des voûtes sans être exposé à d'irréparables dégradations.

Lorsque M. de Laborie voulut entreprendre ces nouveaux travaux, son premier soin fut de s'adresser à la municipalité pour obtenir d'elle les charrois et la grosse main-d'œuvre dus, d'après une vieille coutume, toutes les fois que les églises entreprenaient des réparations majeures.

Au lieu d'acheter un mulet et de faire faire réellement les charrois comme pour le Chapitre, en 1625, les consuls préférèrent racheter la corvée, et envoyèrent M. de Laporte à M. de Laborie pour arriver à une estimation et à une entente. M. de Laporte revint, déclarant que le prieur n'avait rien voulu rabattre de la somme de quatre cents livres, tandis que lui-même n'en offrait que trois cents au nom des consuls. Il eut pleins pouvoirs pour transiger, et il traita à trois cents livres... en promesse. Les consuls, n'ayant rien en caisse, promirent de payer l'intérêt chaque année. Le Séminaire accepta la promesse et versa le capital à M. de Laborie : il est probable qu'il ne le retrouva jamais.

Faut-il dire pourquoi la caisse des consuls était vide? Le roi avait besoin d'argent et en demandait sans cesse aux villes. Il ne tenait pas compte des immunités de Figeac, et les tailles et les subsides augmentaient d'année en année. Des députés furent envoyés à Montauban vers M⁣ᵍʳ l'intendant de la généralité, porteurs de la pipine et autres chartes. « Vos titres, répondit-il, me paraissent incontestables, et si vous pouviez faire quelque dépense, peut-être obtiendrais-je la reconnaissance de vos droits. » Ces paroles sentaient le pot-de-vin : ainsi le comprirent les consuls, et ils votèrent un don gratuit pour Mᵍʳ l'intendant. Ils votaient également tous les ans un don gratuit pour une personne influente qui s'occupait de leurs affaires à Paris; ils en votaient même pour le roi.

Figeac n'était pas la seule ville à se plaindre. Le roi consentit à laisser leurs franchises aux villes fermées de la généralité, à condition qu'elles se cotiseraient et verseraient en retour une somme de deux cent cinquante mille livres. C'était acheter cher ces franchises, et pour combien de temps?

Le roi encore créait des charges et les vendait au plus offrant. Il dota Figeac d'un *crieur des morts,* à qui il fallut compter cinq cents livres après quelque temps d'exercice. Les consuls payèrent pour cette fois, mais ils firent représenter à Mᵍʳ l'intendant que jamais Figeac n'avait eu de crieur des morts... Et les peseurs, et les compteurs, et les mesureurs, etc.? La ville, précédemment, affermait ces charges. Le roi les vend maintenant, et les revenus de la ville sont diminués d'autant. Des plaintes réitérées arrivaient à l'intendance : le roi consentit à rendre aux villes la propriété de ces emplois, à la condition que, pour les racheter, elles payeraient encore deux cent et tant de mille livres... « Nous ne pourrons pas payer, » s'écrièrent les consuls, à la lecture de la lettre... Payèrent-ils ?

C'est à cette époque, en 1693, que le sieur de Palhasse, seigneur de Borredon, acheta, pour quelques milliers de livres, la dignité de maire de la ville pour lui et ses descendants. M. de Palhasse est le premier maire de Figeac ; la maison consulaire a été vendue ; le nouvel hôtel, acheté au quartier de Tomfort, pour la somme de quatre mille livres à rente perpétuelle, prendra le nom de *mairie*.

La ville est obérée de dettes : elle est poursuivie par les sœurs de Sainte-Ursule, de Villefranche, pour une somme de deux mille livres ; par la dame de Fraust de Trapy, pour mille livres ; l'hospice Saint-Jacques réclame une somme de deux mille six cent quatre-vingt-douze livres ; elle doit à M. de Laborie trois mille livres, mille pour la construction des classes et deux mille cédées, en 1686, par le sieur de Lagarde, mort depuis. N'espérant pas réussir à réaliser cette créance lui-même et ne voulant pas actionner personnellement les consuls, M. de Laborie la céda à une colonie de demoiselles des Écoles chrétiennes qu'il avait envoyées à Cajarc pour y tenir une école. Celles-ci demandent à être payées ; n'obtenant rien, elles s'adressent à Mgr l'intendant, qui leur donne raison, et elles font signifier par huissier cette décision aux consuls. « Nous n'avons rien en caisse, répondent-ils, et rien n'est prévu au budget pour le payement des dettes ; quant à emprunter, il n'y faut pas penser, nous ne trouverions pas de prêteurs. » On peut les en croire, car depuis quelques années ils ne payent plus ni le capital ni l'intérêt de leurs dettes.

En même temps des dépenses continuelles s'imposaient. Il a fallu acheter hors ville un cimetière pour les protestants; refaire, sur les vieux fondements, les avant-murs sur la rivière, depuis le jardin de M. Turalure jusqu'aux cordeliers; combler les fossés devant la porte du Pin et établir des égouts; réparer le pont des Augustins pour la procession du 15 août; combler les fossés de la porte d'Aujou à la porte Caviale (1677) et les convertir en chemin praticable; acheter à M. de Bélet une partie du champ de Saint-Barthélemy (1682), pour y tenir les grandes foires de la ville; relever les grands murs en Aujou et au haut du Claux, donner pleins pouvoirs à MM. de Palhasse et Fieux pour faire réparer les rues qui vont au Puy, et rendre la montée plus commode. Enfin, en 1679, une grande sécheresse ayant désolé la campagne pendant plusieurs mois, les consuls demandèrent une procession générale à Notre-Dame de Lapergue (de la Capelette), et ils durent refaire à cette occasion, aux frais de la ville, la toiture de l'oratoire, par trop délabrée.

L'argent était donc rare à cette époque, tout comme aujourd'hui, et plus encore peut-être : n'importe, les voûtes furent terminées en 1693 ou 1694, sans luxe, mais aussi régulières que le permettaient les naissances déjà existantes, hardies et solides. Des colonnes avec chapiteaux sculptés supportent des arcs-doubleaux et des nervures croisées à la clef dont les angles sont amortis

en quart de rond ou en gorges creuses. La dernière
travée voisine du clocher est surexhaussée pour donner du jour aux tribunes et à l'orgue qu'elles supportent. Le diamètre des arcs-doubleaux est de treize
mètres : il n'y a pas au monde d'église à bas côtés dont
la nef soit plus large. La hauteur, du pavé à la clef, est
de quatorze et de dix-sept mètres. La largeur totale de
l'édifice, bas côtés compris, est de vingt-six mètres, et la
longueur de soixante.

Dès que le gros œuvre fut terminé, M. de Laborie,
sans perdre de temps, s'occupa d'orner l'intérieur de
l'immense édifice. Il le fit peindre complètement de rin-
ceaux, de feuillage, de motifs courants, qu'on retrouve
un peu partout sous le badigeon.

Les grandes salles à droite et à gauche du clocher,
à dix mètres du sol, où se faisaient certaines réunions
de confréries, étaient également ornées de peintures,
dont on voit encore des restes sur les murs et sur les
poutres du plafond.

CHAPITRE XIX

Le retable est un ouvrage considérable qui recouvre la muraille construite entre les piliers en avant de la grande abside, et les piliers et les arceaux en avant des petites absides au nord et au midi, et le reste du mur jusqu'à la grande voûte, à quatorze mètres au-dessus du pavé; en menuiserie de bois de noyer sculpté, de plus de cent cinquante mètres de superficie, sans y comprendre les vingt-cinq mètres de toiles peintes qui en remplissent le centre ; le tout de l'ordre corinthien riche du dix-septième siècle, avec des souvenirs du seizième.

Il est à deux étages. Le premier, en sa partie centrale, présente un large soubassement haut de deux mètres, auquel l'autel est appuyé et sur lequel reposent les bases de quatre grandes colonnes torses et sculptées, deux à droite et deux à gauche. Les deux extrêmes, près des arceaux latéraux, font ressaut sur les plats appliqués au mur ; les deux autres, plus rapprochées, font avant-corps sur le plan des deux premières, qui les encadrent en arrière. Ces colonnes supportent un large entablement très orné, qui va d'un mur à l'autre de la nef, suit tous les ressauts des colonnes, horizontalement sur les arceaux latéraux, mais relevé au centre en arc surbaissé. Entre les colonnes de droite, comme entre celles de gauche, sont ménagées des niches où furent placées les statues colossales de saint Pierre et de saint Paul. Les panneaux qui forment les bases des colonnes représentent les vertus théologales et cardinales, en haut-relief. La Foi tient la croix d'une main et l'Évangile de l'autre ; l'Espérance, la main appuyée sur son ancre, fixe des rayons de vive lumière qui lui descendent du ciel ; la Charité recueille des enfants, soit pour les nourrir et mettre leur corps à l'abri du besoin, sur un premier panneau, soit, sur un second, pour les instruire et leur distribuer la vérité qui est le pain de l'âme. La Prudence tient un serpent de la main gauche et un miroir de la droite ; la Justice, les yeux bandés, appuyée sur son glaive, tient la balance au-dessus de terre, à l'abri des influences d'en bas ; la Force, c'est Samson brisant les colonnes du temple ; et la Tempérance, une femme portant sur un plateau des vases élégants où sont des aliments liquides, et elle a l'air de dire : « Je les donne à qui en use, mais je me garde d'y toucher. »

A droite et à gauche, l'intrados des arceaux est à caissons ; les chapiteaux qui les soutiennent sont supportés par des cariatides qui, par leurs mâles figures, rappellent certains types de la statuaire grecque et se terminent en guirlandes de fleurs ou en queues de monstres marins.

Sur le pilier du nord est sculpté un évêque en surplis et en étole : c'est saint François de Sales, patron de la communauté du Puy, auquel la chapelle à côté est dédiée. Sur le pilier du midi, faisant pendant à saint François, est saint Joseph avec son lis traditionnel, en avant de la chapelle alors consacrée à Marie présentée au temple.

Le second étage ressemble au premier, mais en proportions réduites. Quatre autres colonnes torses et sculptées sont au-dessus des quatre colonnes inférieures; au-dessus des niches de saint Pierre et de saint Paul, sont deux autres niches que remplissent deux nobles personnages largement drapés, une femme, et un homme à front ouvert et longue barbe. Ils sont debout : l'homme semble tenir de la main gauche un rouleau fermé et l'indiquer de la main droite ; la femme d'une main tient un livre ouvert, et de l'autre relève les plis de sa robe, comme pour marcher plus commodément. C'est l'Ancien et le Nouveau Testament, dit l'un ; c'est la Philosophie vaincue, dit l'autre, et la Théologie qui suit son chemin à travers les âges, lisant et commentant l'Évangile. En l'absence d'emblèmes ou d'attributs suffisamment visibles d'en bas, ces hypothèses sont permises, et d'autres encore.

Le tout se termine, au-dessus des arceaux, par des anges debout sonnant de la trompette ; au centre, par un cartouche tenu par des anges assis sur l'encadrement du tableau, et des vases de fleurs au-dessus des colonnes.

Entre ces sculptures savamment groupées sont deux grands tableaux sur toile, dont l'un fait suite à l'autre.

En bas, on voit les apôtres autour du tombeau vide de
la bienheureuse Vierge, le tout de grandeur naturelle.
Au-dessus de leurs têtes, appuyée sur un nuage et
entourée d'anges, la Vierge elle-même est enlevée,
triomphante, vers le ciel. Les peintres appelés à Figeac
ont dû reproduire des tableaux de maître. Si la Vierge
du grand tableau du Puy avait les bras croisés sur la
poitrine et la lune sous les pieds, nous dirions : « C'est
la Vierge de Murillo. » Ce n'est pas elle, mais sa sœur,
tant elles se ressemblent. Elle a les bras ouverts et
relevés à demi; sa robe ample, fermée, à larges plis
comme un simple sarrau, est retenue à la ceinture par
un lien invisible; un nuage la soutient, des anges
nombreux l'entourent; la figure illuminée d'une confiance céleste, mais contenue, elle s'élève regardant le
ciel, mais comme qui regrette la terre, où elle laisse
son cœur avec l'Église naissante, même en s'éloignant.
C'est un tableau de Juan del Castillo, du commencement du dix-septième siècle (1584-1640), déposé au mu-
sée de Séville, qui a servi de modèle[1].

L'école espagnole se distingue entre toutes par
l'horreur du nu, le dédain absolu de l'idéal païen de la
beauté, remis en honneur par l'école italienne et la
Renaissance, le brillant du coloris et la vérité un peu
réaliste des formes et des draperies. Nous aurons à
signaler plusieurs autres tableaux des mêmes peintres
s'inspirant toujours de la même école.

Le second tableau, entre les colonnes supérieures,

1. Voir la gravure dans l'*Histoire des peintres de toutes les épo-
ques* de Charles Blanc. Quelques modifications dans la tenue de
deux ou trois apôtres sont à l'avantage de Figeac.

représente le couronnement de la Vierge dans le ciel. Au bas de ce second tableau, sur le bois du cadre, à gauche, on lit : 1696. VENI, VENI, et plus loin, à droite : VENI, CORONABERIS. 1696.

Les deux grandes colonnes à droite et à gauche de l'autel, entourées de ceps de vigne avec leurs feuilles et leurs fruits, dans lesquels des anges se jouent, ne paraissent être ni du même ciseau ni du même architecte que tout le reste de l'ouvrage. Les six autres colonnes nous apparaissent également avec des anges sculptés ; mais le feuillage est épais, fouillé, l'un sur l'autre, et on est tenté de se demander comment les anges tiennent là et ne tombent pas à terre en entraînant les feuilles. Les deux premières sont moins fouillées, moins maniérées, plus sérieuses, et les anges qui tiennent les ceps semblent être là chez eux dans le vide de la torsade.

L'architecte qui dessina ces colonnes était grave. Ce n'est pas lui qui aurait imaginé de mettre autour de l'autel des cariatides fantaisistes et païennes. Ces colonnes devaient faire partie d'un retable de petite dimension avant les derniers travaux de M. de Laborie. Un second architecte vint qui les utilisa, en en ajoutant six autres, et les laissa telles qu'elles étaient auparavant dans son nouveau et colossal ouvrage.

Quoique plus récent par l'âge, le second architecte est plus ancien que le premier, tout imbu de paganisme et du faire de la Renaissance, tandis que le premier avait déjà renoncé à toute ornementation de convention, pour revenir à la nature et à la vérité.

Des légendes ont cours sur la provenance de ce

monument, dont la ville est fière à juste titre : aucune ne mérite l'attention. Le bois n'est pas d'un chêne qui a dormi un demi-siècle dans la rivière, mais le noyer de nos coteaux ; les sculpteurs ne sont pas des moines désœuvrés, mais les ouvriers de M. de Laborie. Si on en juge par l'autel du Sacré-Cœur, fourni par M. Moisseron, d'Angers, et qui, ayant environ trente mètres de surface sculptée, a coûté trois cents francs le mètre, le grand retable, qui a cent cinquante mètres de superficie sculptée et visible, coûterait aujourd'hui de quarante-cinq à cinquante mille francs. M. de Laborie dut le payer, au bas mot, douze mille livres.

Le vestiaire, à la sacristie, est contemporain du retable : il n'a aujourd'hui que trois mètres et demi de long ; il en a eu six. Tous les panneaux sont peints et recouverts de paysages d'un vert intense et de ciels bronzés. Au-dessus des tiroirs, montant jusqu'au plafond, est une grande toile de six ou sept mètres de superficie, sur laquelle est peinte la scène de l'Adoration des mages, de vingt personnages, sans compter les bêtes, la plupart richement costumés. C'est encore un tableau de maître, car il existe des gravures qui le représentent exactement, mais retourné, c'est-à-dire montrant à droite les personnages qui à Figeac sont à gauche, et à gauche ceux qui ici sont à droite.

Enfin nous devons rattacher à ces ouvrages d'art les deux salles d'honneur du Collège placées au-dessus des sacristies et qui ont, sur six mètres de largeur, l'une six ou sept mètres de longueur, l'autre dix. La superficie des murailles, de cent cinquante mètres et plus, est entièrement recouverte de bois sculptés, de panneaux

de bois peints ou de toiles peintes. Ce sont des ais
sculptés et dressés comme des pilastres ou des colonnes de distance en distance, reliés entre eux par d'autres ais transversaux également sculptés, formant avec
les premiers des encadrements destinés à recevoir, au
bas des murs et jusqu'à hauteur d'homme, des panneaux de bois, et au-dessus, jusqu'au plafond, des
toiles.

Dans la plus petite des deux salles il n'existe que
deux lignes d'encadrements, une pour les panneaux de
bois et l'autre pour les panneaux de toile. Les panneaux de bois sont recouverts de paysages savamment
dessinés, dans le goût de Pierre Patel ou de Claude
Lorrain, de l'école française (1600-1682). On voit sous
bois des fauves, des oiseaux, des bêtes domestiques ou
sauvages : l'homme n'y est pas. Les toiles au-dessus
sont également recouvertes de paysages, mais fort
différents des premiers, inanimés et trahissant une
main novice.

A droite et à gauche de la porte d'entrée, deux panneaux hauts et étroits représentent un jeune homme
portant une couronne d'or et un long manteau d'hermine, et une femme dont le bras gauche entoure et
semble retenir comme un trésor à elle la hampe d'une
grande croix de bois : sainte Hélène, sans doute, et son
fils Constantin le Grand.

Sur la cheminée, une assez grande toile nous montre
l'enfant Jésus, avec son père et sa mère, saint Jean-
Baptiste enfant et sainte Élisabeth. Au-dessous de ce
tableau, sur une planche formant frise, est un défilé de
petits anges portant les instruments de la passion. Ils

y mettent de la bonne volonté : en voici un qui ouvre
la marche, portant le roseau à l'éponge comme un drapeau dont il est fier ; là-bas, trois autres ont soulevé
la colonne couchée à leurs pieds : ils la transportent
péniblement, et s'il faut la dresser, on se demande
comment ils s'y prendront ; et cet autre qui a passé
entre les barreaux de l'échelle sa tête trop grosse, il
traîne courageusement son fardeau. Le dessin manque
de correction, mais ils ont bon air, ils impression-
nent profondément : le peintre certainement a atteint
son but.

La grande salle est plus richement décorée que la
précédente. Elle avait d'abord été grossièrement peinte
de fresques dans le genre de celles qu'on a déjà vues
dans les salles du clocher ; mais on se ravisa plus tard
et on couvrit les murs et leurs arabesques de sculptures et de fines peintures. Ici nous avons deux séries
superposées de panneaux de bois, plus étroits par
conséquent que ceux de la salle précédente. Les panneaux inférieurs, près du parquet, sont totalement
couverts de scènes champêtres, troupeaux aux pâtura-
ges, etc. Les ciels sont jaunâtres, et les teintes grises.
Les panneaux supérieurs tout autour sont recouverts
de scènes guerrières : batailles, excursions, exercices
à pied ou à cheval dans le goût et le genre de Jacques
Courtois, dit le Bourguignon, de l'école française
(1621-1676) ; beaucoup de chevaux surtout, et qui n'ont
pas souffert de la disette. Encore quelques incorrec-
tions de dessin : il semble que la proportion soit la dernière des préoccupations du peintre, mais l'ensemble
n'est pas sans mérite ; les couleurs deviennent plus

vives, sans avoir encore de l'éclat. Tous ces dessins
sur bois sont de petite échelle.

Il en est autrement des tableaux sur toile; ici les
personnages se rapprochent de la grandeur de nature;
le dessin est plus correct, et le coloris d'un éclat qui
dépasse presque la mesure. On y remarque les scènes
suivantes :

Sur la cheminée, une Descente de croix, en loques;
tout le reste est en assez bon état de conservation.

Au nord, d'abord une scène biblique de huit personnages : Rachel, assise sur les dieux qu'elle a em-
portés de la maison paternelle, assiste à la recherche
minutieuse que Laban irrité, venu à sa poursuite, en
fait dans ses malles, infructueusement; au second plan,
une partie de la caravane, et, dans l'angle, la haute et
maigre tête d'un chameau dominant le groupe. Puis
c'est la Décollation de saint Jean-Baptiste : le peintre a
mis là dans la prison Hérodiade portant son plat encore vide, à côté de sa mère; un jeune page relève et
soutient la longue queue de sa robe traînante. De
l'autre côté de la porte d'entrée, c'est l'Adoration des
bergers (sept personnages), faisant pendant à l'Adoration des mages de la sacristie.

A l'est, deux grands tableaux présentent, l'un, de
quatorze personnages, la Résurrection de Lazare, au
moment qu'il sort du tombeau, et l'autre la Préparation
du repas, à l'intérieur de la maison, au moment où
Marthe se plaint à Notre-Seigneur que sa sœur Marie
lui laisse prendre toute la peine. On voit en ce dernier
le poulet à la broche, le canard troussé prêt à aller au
feu, le saucisson sur la table, — pas de porc, peut-être?

— et un lièvre au clou : le peintre a oublié que le lièvre, ayant la griffe fendue, était classé parmi les animaux impurs et ne pouvait pas être mangé par les fils d'Abraham. C'est le réalisme un peu outré de l'école espagnole.

Au midi, c'est la Sainte Famille en voyage, quand l'enfant Jésus avait déjà douze ans; une *Mater dolorosa* (des personnages en pied) ; un *Ecce Homo* (la Vierge en deuil, témoin des outrages dont son fils est abreuvé pendant la passion).

Enfin, sur les portes, trois petits cadres représentent un saint en buste, la tête entourée d'un nimbe de feu ; saint André en avant de sa croix ; et deux prêtres, l'un simplement en surplis à larges manches et col rabattu, l'autre, à la place la plus éclairée, la place d'honneur, en surplis à larges manches, avec rabat de toile blanche et étole rouge. Ces deux derniers sont évidemment des portraits : non des portraits d'évêque, car ils n'ont aucun des insignes de la dignité épiscopale, mais des portraits de simples prêtres. Le premier, plus ancien par la forme de son rabat et sa barbe courte, est M. Bonal, auquel les prêtres du Puy ont emprunté leur règle et qu'ils révèrent comme un fondateur; le second, avec son étole, qui en France était un signe d'autorité et de priorité, est M. de Laborie. Il est là à sa place, au milieu de ces œuvres d'art, contemplant tranquillement ce couronnement de ses édifices et de ses œuvres.

Quand ce portrait fut enlevé de sa place pour être confié un instant au photographe, on put lire sur l'extrémité de la toile rabattue derrière le châssis cette

inscription, précieuse, parce qu'elle dissipe tous les
doutes :

ANT. DE BORIA FUNDA. SEMIN. FIGEA.
ÆTATIS 76 OB. 1° OCTOBRIS. 1699.

Son humilité dut être soumise à une terrible épreuve,
et il dut poser de fort mauvaise grâce ; mais la soumis-
sion à la volonté affectueuse de ses prêtres fut encore
une autre forme de l'humilité.

CHAPITRE XX

Si, arrivé au point où nous sommes, M. de Laborie
eût jeté un regard en arrière sur ces quarante années
qu'il venait de passer à Figeac et sur les œuvres qu'il
y avait accomplies, il eût eu, certes, de justes motifs
d'éprouver de vifs sentiments de satisfaction. Une paroisse, quand il arriva, affaiblie par l'hérésie, endor-
mie dans la tiédeur, oublieuse de Dieu et des devoirs
et des pratiques de la religion, aujourd'hui animée de
foi, de zèle et de charité pour son Dieu, fidèle aux
enseignements de son pasteur, remplie d'amour et de
respect pour lui, distribuée en confréries et marchant
avec la régularité des couvents; des prêtres nombreux,
instruits et pieux, entourant sa personne de dévouement
et de respect, et à son ordre évangélisant non seulement
la paroisse, mais la contrée tout entière; un séminaire
prospère, dont il est le supérieur et le fondateur, où un
grand nombre d'enfants et de jeunes gens se forment
à l'esprit du sacerdoce et à la science ecclésiastique;

la ville arrachée à l'hérésie et de nouveau formée aux
habitudes chrétiennes ; les fêtes bien célébrées ; le saint
Sacrement toujours entouré de nombreux adorateurs ;
les autres paroisses de la ville et de la banlieue tenant
de lui leurs curés et leurs vicaires et dévouées comme
des filles autour de leur mère ; les enfants de l'un et
de l'autre sexe élevés dans ses écoles par des maîtres
et des maîtresses dont il est le créateur, le protecteur et
le père ; les pauvres visités et secourus par ses dames
de la Providence, et les malades soignés à domicile par
des filles pieuses et dévouées, recrutées dans ses confréries ; les misères morales prévenues ou soulagées
par ses demoiselles des Écoles chrétiennes, et mieux
encore par les saintes filles et veuves, maîtresses du
Refuge et de la Maison de Piété ; son église brillante
de beauté et de jeunesse, embellie de superbes autels
et enrichie d'indulgences ; ses comptes enfin réglés par
des générosités récentes, et la durée de ses œuvres assurée par des fondations à perpétuité déjà faites et les
continuelles largesses dont la Providence et la population reconnaissante les favorise... Oui, vraiment, c'est
pour lui un glorieux et consolant spectacle !

Oui, il avait le droit de s'écrier : *Monumentum exegi*,
j'ai fait un bel ouvrage et dressé un superbe monument,
pour le bien des âmes et la gloire de Dieu. Son humilité, cette humilité qui l'avait rendu tout-puissant, ne
lui permit pas de le penser, mais autour de lui on le
disait tout haut, et la postérité, tant qu'elle gardera le
souvenir de ses œuvres, ne cessera de le répéter.

Longtemps il fut vrai de dire que tout ce qui est
dans la ville de Figeac de beauté morale et de vertu,

d'utiles institutions et de louables habitudes, vient de
ce saint homme, comme autant de ruisseaux d'une
source pure, abondante et féconde.

Toutes les entreprises avaient été menées à bonne
fin et avaient reçu la dernière main ; il se dit : « Je vais
être un serviteur inutile ; » et, profondément persuadé
qu'un autre serait d'un plus puissant secours que lui-
même à sa paroisse, fatigué, usé à la peine, il songea
sérieusement à donner sa place à un autre, et il jeta
les yeux sur M. Reynal, prêtre du Séminaire, qu'il avait
formé et qui jouissait de toute son estime.

Quand le prieur du Puy était à nommer, l'abbé, d'a-
près les anciennes coutumes, avait droit de présentation ; mais depuis que les abbés commendataires n'ha-
bitaient pas Figeac, ils n'usaient pas toujours de ce droit,
et la nomination, dans ce cas, passait à l'évêque du diocèse. D'un autre côté, tout possesseur de bénéfice avait
le moyen de désigner son successeur, non seulement
à une cure, mais même à une simple chapellenie,
comme l'établissent plusieurs faits reproduits en divers
chapitres de ce livre : il lui suffisait de se démettre,
de son vivant, en cour de Rome, en faveur de celui qui
avait ses préférences. Encore un fait qui nous fera bien
comprendre cette jurisprudence.

M. Jean-Joseph de Dumont, curé de Saint-Thomas,
se sentant mourir, donne procuration à un tiers pour
que sa cure soit remise à Sa Sainteté ou à Mgr son
chancelier, en faveur de M. François Boutaric, diacre,
licencié en droit, à l'exclusion de tout autre. Il mourut
le 28 janvier, mois réservé aux gradués. M. Jacques
Lagane, recteur de Vic, requiert, par acte notarié, en

montrant ses diplômes, Maître Jacques Jovéry, prévôt
du chapitre de Conques, vicaire général de l'abbé de
Figeac, qui avait droit de nomination à la susdite cure,
il le requiert de vouloir bien lui accorder la nomination et présentation pour l'église vacante. Les lettres
dûment signées lui sont remises; l'évêque du diocèse,
Mgr de la Luzerne, accorde les provisions nécessaires,
l'installation est faite. Le nouveau titulaire, trouvant le
bénéfice insuffisant pour ses mérites, préfère rester à
Vic, en attendant mieux, et avertit l'évêque, sans avertir le prévôt de Conques. M. Pierre Ducros, de Figeac,
vicaire de Lentillac, ayant connu le fait, demande au
prévôt de Conques de vouloir bien lui accorder nomination et présentation à la cure, *étant lui-même gradué,
nommé et dûment insinué suivant le concordat, et pour
le reste bien qualifié.*

Le prévôt refuse la nomination, vu qu'il en a déjà
nommé un autre. M. Ducros exige acte notarié du refus
et, muni de cette pièce, se présente à son évêque, qui,
vu le refus du prévôt, nomme lui-même et donne les
provisions nécessaires. M. Ducros se présente pour être
installé, mais ne peut que toucher les portes, parce
que M. Rouzet, chargé de faire le service de l'église
en l'absence du curé de Vic, titulaire, refusa de donner
les clefs. L'installation fut pourtant valable.

Mais la résignation en cour de Rome avait eu son
effet. François Boutaric, diacre, était devenu prêtre et
vicaire de Grèzes. Muni des lettres de Rome, il demande
ses provisions à l'évêque pour la cure de Saint-Thomas. M. Ducros n'entend pas la céder, et il saisit de
l'affaire je ne sais quel tribunal compétent. Des amis

communs proposent un accord à l'amiable : M. Ducros
céda la cure, qui resta à M. Boutaric, et ce dernier paya
tous les frais du procès commencé.

M. de Laborie, voulant donc choisir son successeur
lui-même et désigner M. Reynal, chargea M. Molayrès
de Ginestes, prêtre du Séminaire, de négocier cette
affaire dès 1696, et lui donna par acte authentique
pleins pouvoirs. La résignation du bénéfice faite par
M. de Laborie en faveur de M. Reynal fut acceptée à
Rome, par le pape Innocent XII, le jour des ides d'août
1698. La signature de la cour de Rome, envoyée à Toulouse au parlement, dans le ressort duquel se trouvait
Figeac, fut déclarée véritable par les sieurs de Berga
et Boutaric, banquiers, expéditionnaires en ladite cour
et résidant à Toulouse, le 17 septembre de la même
année. Elle ne fut présentée à Mgr l'évêque de Cahors
qu'un an après.

M. de Laborie bénit, le 9 juin 1699, le mariage de
noble Louis de Lascazes de Roquefort et de demoiselle
Catherine de Lostanges de Béduer, et le 22 juillet celui
de noble Pierre de Baillot et de Toinette de Capelle,
et signa aux registres de l'église : « Delaborie, prieur
du Puy. »

Le *visa et forma dignum*, scellé du sceau de Mgr l'illustrissime et révérendissime Henri Briqueville de la
Luzerne, évêque de Cahors, et contresigné par Grimal,
son secrétaire, est du 15 septembre 1699. Il donne ordre
au premier notaire royal et apostolique, de ce requis,
de mettre M. Reynal en réelle et corporelle possession
du bénéfice-séculier-cure de Notre-Dame du Puy, avec
ses honneurs, fruits, profits et revenus. Muni de ces

pièces, celui-ci, depuis quelque temps au diocèse de Mirepoix, se rendit à Figeac, le 20 septembre 1699, et requit M. Pomel, notaire, de procéder à son installation. M. Pomel examina les pièces, en reconnut l'authenticité, et, « vu, dit-il, que nous sommes de la qualité requise, nous avons, avec l'honneur et le respect qu'il convient, accepté le mandement à nous adressé par ledit *visa*, et en exécution d'icelui sommes entrés, avec le sieur Reynal, dans ladite église du Puy, pris l'eau bénite, allés ensuite au pied du maître-autel, fait prières à Dieu, lequel autel ledit sieur Reynal a baisé, et a ouvert et fermé le tabernacle, vu les fonts baptismaux, sonné la cloche et observé les autres formalités en pareil cas requises, accompagné de M. Antoine de Laborie et de M. Géraud Pomarède, prêtres et docteurs en théologie, ses témoins... Dont acte.

« Signés à la minute :

> « REYNAL, prieur du Puy.
> « DELABORIE, ancien prieur.
> « POMARÈDE, présent, et autres.
> « POMEL, notaire.

« Pour le contrôle, reçu trois livres.

> « VILHÈS. »

Au lendemain de cette cérémonie, à laquelle il avait assisté avec un courage admirable, mais qui avait dû le laisser le cœur bien serré, M. de Laborie partit pour Souillac, voulant se reposer de ses émotions chez quelqu'un de ses parents, sa sœur probablement; Mme du Rocq.

Huit jours après, le 1ᵉʳ octobre, il était mort.

On lit dans les registres de l'église de Notre-Dame du Puy :

« M. Antoine de Laborie, prêtre, prieur du Puy, supérieur du Séminaire et vicaire forain, mort le 1ᵉʳ octobre de l'année 1699, âgé d'environ soixante-dix-huit ans, après avoir reçu tous les sacrements nécessaires dans la ville de Souillac, fut porté à Figeac, par la prière du public, et fut enseveli le troisième du même mois et an, dans la chapelle souterraine dite *de la Purification*.

« En foi de ce.

« BOYÉ, vicaire. »

Des ouvriers qui réparaient, il y a une trentaine d'années, cette chapelle souterraine, affirment qu'en frappant du pied le sol, avant que le plancher fût établi, on entendait un sourd grondement, qui accusait un vide ou une seconde voûte au-dessous du pavé. Ce vide, c'est le caveau où repose M. de Laborie, au sein d'une ville qu'il aima et pour laquelle il se dépensa et s'épuisa pendant quarante ans. Ses œuvres sont restées, mais de lui qui savait le nom à l'heure présente ?

Nous avons retrouvé deux copies de son testament : une appartient à M. J.-B. Champeval, l'autre est parmi les minutes de M. Pomel, notaire : l'original, écrit de sa main, était aux archives du Séminaire, dont rien n'existe. Ce testament a été publié, en grande partie du moins, par M. Champeval dans la série d'articles qui ont paru dans la *Revue religieuse* du diocèse, sous ce

titre : *Figeac et ses Institutions religieuses*. Pour les
lecteurs qui ne connaissaient pas M. de Laborie, il
n'eut d'autre intérêt que celui qu'on trouve dans la
lecture d'un document qui vous entretient vaguement
des choses d'un temps qui n'est plus. Nous nous faisons
un devoir de le publier ici intégralement : il aura pour
nos lecteurs un intérêt tout autre.

TESTAMENT DE M. DE LABORIE

« Je soussigné Antoine Delaborie, docteur en théologie et prieur de l'église de Notre-Dame du Puy de Figeac, et supérieur du Séminaire de ladite ville, étant
dans une très bonne santé de corps et dans une très
parfaite liberté d'esprit, considérant que les surprises
de la mort sont fort ordinaires, surtout en ce temps
dans lequel il y a beaucoup de maladies en cette ville
et qu'elles ne me seraient pas pardonnables à moi qui
ai souvent prêché aux autres de s'en garantir, et reconnaissant que je dois rendre compte à Dieu de tout
le bien qu'il m'a fait tomber entre les mains, soit ecclésiastique, soit patrimonial, et même de celui que plusieurs personnes charitables m'ont confié comme un
dépôt très considérable, pour éviter cet inconvénient
j'ai voulu faire mon testament ainsi qu'il suit :

« Pour cet effet, étant devant le très saint Sacrement
de l'autel, j'ai demandé des lumières au Seigneur pour
faire cette importante action selon ses adorables des-
seins. J'ai prié la sainte Vierge, ma bonne maîtresse,
de me les obtenir. J'ai aussi invoqué mon bon ange,
saint Antoine, mon patron, saint François de Sales,

tous les saints anges, saints et saintes du paradis.
Après quoi je déclare que mon intention serait d'être
enterré en quelque coin du cimetière de la paroisse;
mais parce que messieurs du Séminaire ont déjà fait
choix de sépulture, s'ils veulent me faire la grâce de
me recevoir avec eux après ma mort, comme ils m'ont
souffert pendant la vie, je leur laisse entière liberté de
disposer de mon corps comme ils le trouveront être
mieux à propos, pour la gloire de Dieu. Pour mes honneurs funèbres, je leur demande beaucoup de prières;
mais pour la pompe, je n'en veux d'autre que celle
qu'ils feraient au moindre des prêtres.

« Je serais pourtant bien aise que les religieux y soient
appelés pour le premier service, après quoi je veux
qu'on leur donne pour les autres services même chose
que s'ils y avaient assisté, sans pourtant qu'ils prennent la peine de venir, me contentant qu'ils fassent
chez eux les mêmes prières qu'ils auraient faites à mon
tombeau.

« Je veux que les premiers trois jours après ma sépulture on fasse dire autant de messes qu'on pourra dans
notre église et ailleurs, et je prie très instamment messieurs du Séminaire de ne manquer pas de me secourir
de leurs prières, que je leur demande comme étant un
plus grand pécheur qu'ils ne sauraient se figurer. Pour
cet effet je les prie de faire dire, durant la neuvaine
qui suivra ma mort, autant de messes qu'ils pourront,
et pendant l'année d'en faire dire le lundi et le jeudi
à l'autel privilégié, et tous les jours, pendant l'an, d'en
faire dire pour ma pauvre âme.

« Et venant à la disposition des biens que Dieu m'a

13.

mis en mains, je déclare que je veux que tous, ecclésiastiques et patrimoniaux, soient consacrés à Dieu, et que je n'en veux disposer que pour ce qui sera plus à sa gloire.

« Pour cet effet je donne à l'église de Rattiel (Rassiels), dont j'ai été curé, quarante livres pour être employées à quelque chose qui soit plutôt d'ornement que de nécessité, à laquelle MM. les curés sont obligés.

« Je donne à l'église du Puy tout ce qui se trouvera m'être dû, à l'heure de ma mort, de la somme de trois cents livres que MM. les marguilliers empruntèrent par un billet qui porte le nom de M. Puniet comme ayant prêté ladite somme, quoique ce soit moi qui l'aie prêtée, de laquelle je déclare que deux cents livres ont été payées à M. de Lagasquie, à ma décharge.

« Je donne aux dames religieuses de Sainte-Claire la somme de vingt livres, que je veux leur être tenue en compte sur à tant moins de ce qu'il se trouvera qu'elles me doivent de l'argent que je leur ai prêté, au cas qu'elles ne m'aient pas payé, et, si elles l'ont fait, je veux que ladite somme de vingt livres leur soit payée dans l'an après ma mort.

« Plus, je donne quarante livres à l'église de Nadaliac-le-Rouge, à prendre sur une promesse de cinquante écus, que feu M. Montmaur, curé de Moissac, me doit du reste d'une pension que ledit sieur Montmaur me payait étant curé de Nadaliac.

« Je donne une pistole à la congrégation des Artisans, des Vignerons, des Femmes, des Filles, des Pénitents, une pistole à chacune, les priant de continuer de faire

avec ferveur leurs exercices, après ma mort comme
pendant ma vie, et de prier Dieu pour moi.

« Je donne aux demoiselles des Écoles chrétiennes la
somme de cinquante écus qui m'ont été empruntés pour
la réparation de la maison où elles logent, que j'ai
acquittée et toutes réparations à ladite maison, pour
laquelle j'ai fait de très grands frais. Je leur donne
aussi la maison voisine que j'ai achetée de Marie Froutgous qui se joint à la leur et qui confronte du septentrion avec la maison que les demoisselles de Fraust
ont achetée de M. Boutarie, président en l'élection; du
côté du midi, avec la maison desdites demoiselles des
Écoles chrétiennes, qui leur a été donnée par feu
M. Boutarie, prêtre; du côté du couchant, avec la rue
qui du Puy va au Claux. Je veux toutefois que si lesdites demoiselles cessaient de faire lesdites écoles, la
maison revienne à mes héritiers bas nommés, et qu'ils
puissent se faire payer de ladite obligation de cinquante
écus.

« Pour le reste de mes biens, je prie mes parents de
ne trouver pas mauvais que je dispose du peu qui me
reste pour la gloire de Dieu et pour réparer le mauvais
usage que je pourrais avoir fait du bien ecclésiastique
qui m'a été confié, et de se contenter du témoignage
d'affection que je leur ai donné pendant ma vie.

« Je confirme néanmoins le traité que j'ai fait avec
mon frère et lui donne tout ce que je lui ai laissé de mon
légat, tant en principal qu'en intérêts, à condition toutefois qu'il ne sera rien demandé de mon loyer dont
j'avais payé une partie, comme il paraît par mon livre-
journal. Comme aussi, allant prendre possession de la

cure de Bousevon, je lui ai laissé cinquante-huit ou soixante écus, qu'il ne m'a jamais rendus, outre autres sommes qu'il avait prises de mes pensions. Ainsi je veux qu'il ne puisse plus rien prétendre sur mon bien, ni lui ni ses héritiers, à condition aussi que, sous prétexte des hypothèques qu'il croit avoir sur le bien de ma mère, ses héritiers ne me fassent pas d'affaires, ni à mes héritiers, pour la métairie de ma mère qu'il m'a baillée sous forme de donation, quoique véritablement je ne l'aie prise que comme une partie de ce qui m'était dû de mes droits paternels et maternels. Au cas où ses héritiers me feraient des affaires sous ce prétexte, je déclare que je n'ai fait ce traité que pour éviter toute sorte de procès avec mes parents, et que j'ai prétendu rentrer dans mes droits, qui étaient très considérables, n'ayant pendant trente ans rien pris, ni intérêt ni capital, de ma légitime.

« Je donne à M¹¹ᵉ Suzanne de Laborie, veuve de M. de la Malvinie, lieutenant particulier au siège de Martel, ma sœur, la somme de deux cents livres, que je veux être prise sur le prix de ma métairie, si elle vient à être vendue ; autrement je veux qu'elle soit payée par le revenu de trois années, ce que je fais par raison de piété.

« Pour Mᵐᵉ du Rocq, ma sœur, je lui donne la somme de cinq sols, la priant de se contenter des mille livres que je lui ai déjà données en faveur de son mariage avec feu M. du Rocq. Moyennant ce, je la fais mon héritière particulière.

« Pour le reste de mes biens ecclésiastiques ou patrimoniaux, enfin, de quelque nature qu'ils puissent être, je veux qu'ils soient entièrement consacrés à Dieu, à la sainte Vierge et aux pauvres.

« Pour cet effet, parce que je ne connais pas de moyen de faire qu'ils le soient plus parfaitement qu'en les donnant au Séminaire de cette ville, je fais messieurs du Séminaire de Figeac mes héritiers de tous mes biens, voulant qu'ils me succèdent en tous mes biens. noms et actions, comme mes héritiers universels, à condition néanmoins qu'ils emploieront tout ce qui en proviendra à l'éducation d'autant de pauvres enfants, pour l'état ecclésiastique, que mesdits biens en pourront nourrir, suivant l'esprit de M. Bonal. Je déclare que les avances que j'ai pu faire pour la construction et la subsistance du Séminaire et pour planter la vigne et bâtir la maison de cette vigne à Marsal, pour lesquelles les messieurs du Séminaire ont consenti, en ma faveur, une obligation de trente mille livres, reçue par Pomel, notaire, outre les avances que j'ai faites depuis, ne proviennent pas de mon seul bien ecclésiastique ou patrimonial, mais qu'il y a de très considérables fonds qui viennent d'ailleurs, et notamment des demoiselles de Lagarde, de qui j'ai reçu de grosses sommes avec permission de les employer à la construction et à la subsistance du Séminaire, et en un mot à ce que je jugerais de mieux, à condition néanmoins que lorsque le Séminaire serait bâti on emploierait ces fonds à élever des enfants pauvres pour l'état ecclésiastique. Ainsi je veux que le Séminaire, pour s'acquitter de cette obligation de laquelle les biens que je lui laisse sont chargés, élève autant d'enfants que le revenu le permettra, à raison d'un enfant pour chaque cent livres de revenu annuel; et même, s'il s'en présente qui puissent payer demi-pension, on les prenne et qu'on distribue sur d'autres ce qui sera ainsi épargné, afin que le nombre des enfants ainsi élevés soit plus considérable.

« Je prie tous ceux qui seront dans l'Institut de se souvenir que son esprit est d'élever des pauvres pour le service des cures de la campagne, et qu'ainsi nous devons tous entrer dans l'esprit de M. Bonal, qui voulait qu'on se tînt à ce qu'il y a de plus bas, qu'on ne pensât à s'élever ni par les richesses ni par les fonctions éclatantes, qu'on vécût en pauvres dans le Séminaire, si on était pauvre avant que d'y entrer. Il l'a pratiqué pendant sa vie, et un de ses plus considérables disciples m'a dit après sa mort que nous serions perdus dès que nous deviendrions riches et savants, et que l'Institut périrait dès lors.

« Je prie donc ceux qui viendront dans cette maison après nous de se tenir dans l'état que le fondateur a désiré et que Jésus-Christ et ses apôtres ont pratiqué, c'est-à-dire dans la pauvreté et dans la bassesse, évitant la richesse comme le poison de l'esprit du christianisme et de l'esprit ecclésiastique, et surtout de l'esprit des communautés et, plus que de toutes, de la nôtre. Or on ne deviendra jamais riche si, à mesure qu'on a plus de bien, on dépense davantage, en augmentant le nombre des enfants pauvres élevés dans la maison. Je prie donc non seulement MM. les supérieurs qui seront en charge après ma mort, de tenir la main à l'exécution de cette disposition, sans l'observation de laquelle j'éprouverais de la peine

de donner à cette maison le bien que Dieu m'a mis
en main, mais encore M⁻ʳ l'évêque de Cahors d'employer son autorité pour cela, et lesdits supérieurs
devront l'en solliciter, de quoi je les charge, et leurs
consciences, tant que je le puis. Et parce que M⁻ʳ l'E-
vêque est loin de cette ville, je prie M. Boutaric, ancien
archidiacre du chapitre Saint-Sauveur, d'avoir la bonté
d'être exécuteur de mon testament, surtout pour cet
article, qui est le plus important de tous, l'assurant
que, quoiqu'il ait montré beaucoup de zèle pour le
Séminaire, il lui sera plus utile par là que par les
fondations qu'il a faites.

« Je prie M. de Lacoste, ancien curé de Cambayrac,
et M. Puniet, ancien curé de Saint-Vincent et de Parnac, qui m'ont fait la grâce de s'unir à moi pour ce
grand ouvrage et qui m'y aident tous les jours très
avantageusement, de se joindre à M. Boutaric pour
faire exécuter cette disposition susdite et toutes les
autres choses qui regardent le présent testament, voulant que mes héritiers susnommés aient une entière
déférence pour les avis de ces messieurs.

« Je déclare que je casse et révoque tous les testaments qui pourraient paraître à mon nom faits par le
passé et même qui pourraient être faits à l'avenir, s'il
n'y a ces mots, par lesquels je demande à Dieu pardon
pour le passé comme pour l'avenir : KYRIE, ELEYSON,
sans lesquels, si un autre testament paraît avec mon
nom, je le déclare faux et au moins nul, voulant que
celui-ci vaille par forme de testament, codicille, donation et de toutes manières qu'il pourra valoir, surtout
à raison de la cause pie, déclarant qu'en tous les arti-

cles y contenus, j'ai eu quelque raison de piété et j'ai
considéré plus l'intérêt de Dieu que la chair ou le sang.

« Parce que Mlle Marguerite de Cussonel et la Fleurette de Lacaze ont consumé leur santé en m'aidant
dans l'établissement des écoles, des retraites et des
congrégations, je veux qu'en reconnaissance mes héritiers les secourent et les aident dans tous leurs besoins, et d'autant que je suis obligé, dans le traité fait
avec l'Hôpital, d'acquitter une obligation de cinquante
écus consentie par feu M. Ducros, chanoine, et Malleville, procureur, en faveur d'Anne de Marsinhes, dont
la Fleurette est héritière pendant sa vie. Je veux que
le logement et cinquante livres par an soient donnés
à ladite Fleurette, et pour cet effet je lui affecte une
des chambres de la maison qui m'a été baillée par la
ville et que j'ai fait réparer, située devant la maison
de Mlle de Puymerle, rue entre deux, ayant d'un côté
la rue qui va à l'église du Puy, et au midi la maison
de Mauran, me réservant de marquer laquelle des
chambres je lui affecte.

« C'est ici ma dernière volonté et le testament que
je veux être exécuté après ma mort, que j'ai écrit et
signé de ma main, en quatre pages, ce 7 décembre de
l'an mil six cent quatre-vingt-dix, à Figeac. J'ai signé
ce testament que j'avais commencé il y a longtemps.

« Delaborie, prieur du Puy et supérieur
du Séminaire.

« Contrôlé à Figeac, le 10 octobre 1699.

« Vildès.

« Reçu six livres. »

Ce testament fut fermé, scellé de dix cachets de cire d'Espagne et remis, devant neuf témoins, à M. Pomel, notaire, le 21 mai 1691.

Il fut solennellement ouvert le 28 octobre 1699, dans une salle du Séminaire, devant MM. Géraud Pomarède, prêtre du Séminaire ; Joseph Dumont, curé de Saint-Thomas ; François Born, curé de Saint-Martin ; Jean Condé, prêtre ; Guillaume Dumas, diacre ; — noble Joseph-Ignace de Lachièze, sieur de Briance, habitant Martel, et noble Joseph-François de Laporte, lieutenant au régiment d'infanterie d'Anjou, neveux de M. de Laborie.

Ce testament fut accepté et eut son plein effet.

DEUX CENTS ANS PLUS TARD

Deux cents ans se sont écoulés : des œuvres de
M. de Laborie, quelques-unes ont disparu, d'autres
subsistent encore, plus ou moins modifiées.

Ses prêtres, en 1736, firent fusion avec ceux de
Saint-Vincent-de-Paul : l'esprit, la règle, les occupations, étaient identiques. Dès ce jour, les lazaristes
dirigèrent le Séminaire et le gardèrent jusqu'à la Révolution. Jusqu'à la Révolution également les nouveaux
directeurs du Séminaire restèrent jouissants et du fief
de Mazarguil et de la maison et du vignoble de Marsal. La vigne et la maison sont aujourd'hui la propriété de M. Fontanges, avoué.

Les demoiselles des Écoles chrétiennes, les filles du
Bon Pasteur, ou Refuge, et de la Maison de Piété, rem-
plirent leurs fonctions toujours jusqu'à la Révolution.
Ces établissements étaient prospères et avaient été
dotés par la charité privée : la Maison de Piété, à elle
seule, à la fin du dix-huitième siècle, possédait, outre
ses rentes, plus de trois cents quartons de terre.

A la mort de leur fondateur, les demoiselles des

Écoles chrétiennes de Figeac furent unies aux demoiselles des Écoles chrétiennes de Cahors et ne formèrent plus qu'une seule communauté. Leurs statuts, leur but et leurs occupations étaient d'ailleurs les mêmes.

Tous les bâtiments proprement dits de l'école de filles, au Claux, situés dans le jardin actuel de la famille Fourgous, ont été démolis ; mais la maison des demoiselles de Fraust, où se faisaient les congrégations du dimanche et les retraites de femmes et de filles, appartenant à Mme Thomas Guary, est toujours debout.

Les bâtiments du Refuge et de la Maison de Piété, annexés à l'Hospice, abritent le pensionnat des sœurs de la Charité de Nevers, dit de Sainte-Marthe.

Tous les corps religieux furent dispersés à la Révolution, et, quand la tourmente fut passée, aucun ne fut rétabli, ni les dominicains, ni les cordeliers, ni les carmes, ni les augustins, ni les capucins, ni les religieuses de Londieu, ni celles de Sainte-Claire. Seules les sœurs de la Charité de Nevers, qui possédaient l'Hospice depuis 1734, l'ont repris depuis et le possèdent comme avant.

Le couvent des cordeliers, inhabité, appartient à la communauté de Nevers ; celui des capucins, à un secours mutuel de servantes et à plusieurs propriétaires ; celui des augustins, à M. Miret, directeur de l'établissement de Leyme, et à M. Latapie, de Balaguier ; celui de Londieu, à M. Borie, mercier ; l'église des carmes est redevenue église paroissiale, et la gendarmerie de la ville occupe les cellules des moines. Le couvent des dominicains est devenu un couvent de carmélites, et celui de Sainte-Claire une importante maison des sœurs de la Sainte-Famille de Villefranche-de-Rouergue.

Une maison de sœurs gardes-malades ou petites sœurs des pauvres a été établie, il y a environ vingt-cinq ans, à la place du Verre, au centre du quartier Montferrier. Ces sœurs visitent et soignent les malades à domicile et passent les nuits à les garder. Elles font les petits ménages et lavent le linge des pauvres visités par la maladie.

Les pénitents existent encore. Leur chapelle, quartier de Tomfort, propriété de Mme veuve Laurent, n'a pas été démolie ni affectée à un autre usage; elle reste abandonnée depuis bientôt un siècle. Pour eux, ils ont au Puy une tribune et l'ancien autel de Saint-François-de-Sales dédié à saint Jérôme : la première des confréries de M. de Laborie sera la dernière à disparaître.

Le Séminaire est toujours debout, mais il est devenu le Collège municipal, où non plus quatre régents, mais vingt-cinq professeurs du corps universitaire enseignent les lettres, les sciences et les arts. L'aile des classes au nord de la cour et l'école primaire des garçons ont été démolies quand fut construite, il y a une dizaine d'années, la grande aile neuve du nord; de l'aile des cuisines, de son escalier, de son dôme, il ne reste que des ruines informes.

L'école primaire des filles est dans une aile de la Miséricorde; celle des garçons, dans une construction nouvelle au faubourg d'Anjou. Toutes ces écoles sont laïques et municipales, ainsi que le cours supérieur de filles à la mairie et l'école maternelle à la Miséricorde. Les écoles primaires et l'école maternelle sont, de plus, gratuites.

Les sœurs de la Charité de Nevers tiennent un pensionnat et une école libre à la Maison de Piété ; les sœurs de la Sainte-Famille, un pensionnat et un externat libres, une école gratuite et un orphelinat à Sainte-Claire. La maison n'est pas à l'étroit comme autrefois : de nouvelles ailes ont été construites, et une dizaine de jardins successivement acquis ont formé un enclos superbe qui, depuis l'ancien cimetière de Saint-Thomas, s'étend, sur une longueur de plus de deux cents mètres, jusqu'au delà de la porte Montferrier, abrité par les remparts non encore démolis de ce côté de la ville. Les mêmes sœurs ont encore la *petite école*, école maternelle ou enfantine libre de garçons âgés de moins de sept ans, sise au Montviguier et sur l'emplacement même du château royal du viguier de Figeac, dont le local, expressément et élégamment restauré pour cette œuvre, est généreusement fourni par Mme de Boutières et est sa propriété.

L'église du Puy était encore, il y a dix ans à peine, telle que l'avait laissée M. de Laborie, sauf les peintures, cachées sous un badigeon, et la toiture du clocher, mise en dôme et lanterne il y a cinquante ans environ. La grande charpente était défectueuse, trop basse, posée sur les voûtes sans entraits reliant les sablières ; elle poussait les murailles au vide et, les séparant des voûtes, elle avait ouvert des lézardes à travers lesquelles, de l'intérieur de l'église, on voyait le jour. Une restauration faite avec un soin extrême a remédié à tous ces inconvénients en 1888. Les hautes murailles ont reçu des contreforts et ont été couronnées d'une corniche sur corbelets en pierre de taille supportant des chéneaux de fonte; le clocher a été élargi de trois mètres depuis la voûte jusqu'au haut de la charpente, en sorte qu'il peut être terminé sur neuf mètres, sans qu'il y ait à toucher à la toiture neuve de la nef. Des murailles jadis démolies ont été rebâties dans les grandes salles pour supporter le prolongement de la corniche et de ses chéneaux jusqu'au pignon. Les pignons également ont été rebâtis et couronnés de pierres de taille, et une tour a été construite entre le pignon de l'est et la grande abside, pour mettre en communication, au moyen d'un escalier, les hautes et les basses toitures. Dans les murs a été établi un fort chaînage de fer qui entoure totalement les grandes voûtes, passant sous le clocher et sous le pignon de l'est. Le chaînage du mur du nord est relié à celui du mur du midi au moyen d'entraits de fer de cinq centimètres de diamètre munis de vérins à vis, visibles au-dessus de la clef de chaque arc-doubleau, pour retenir et ramener les murs au besoin.

Au-dessus de ces murs une solide charpente a été posée, à entraits de pitchpin d'Amérique de quatorze mètres de longueur, de fort équarrissage et à arêtes absolument vives et fermes en bois du nord d'Europe, les entraits suspendus au poinçon par de fortes moises de fer.

La couverture est en briques noires émaillées provenant de l'usine mécanique de M. Lacabane, de Puyblanc. Cet ouvrage, fait sous la direction de M. Rodolosse, architecte du département, consolide l'édifice pour un temps indéfini.

La salle basse du Séminaire donnée à M. de Laborie pour servir de sacristie à l'église n'a pas été reprise; une seconde à la suite de la première fut même concédée plus tard, destinée à servir de dépôt pour le mobilier des autels et de sacristie particulière pour la confrérie des pénitents. Enfin, il y a une quinzaine d'années, une troisième salle à la suite des deux premières fut demandée à la municipalité, pour servir, elle, de dépôt du mobilier de l'église, la seconde devant être convertie en salle des délibérations du conseil de fabrique et des conseils des confréries, et aussi habituellement en salle de réception ou parloir, pour la commodité des personnes qui fréquemment, à l'occasion des offices, se présentent pour parler au clergé paroissial, quand les employés encombrent la première sacristie. Le curé du Puy demandait en même temps qu'il lui fût permis de prendre sur le jardin du Collège un tour d'échelle ou couloir, depuis la sacristie jusqu'à la terrasse récemment établie à grands frais sur l'emplacement du vieux cimetière.

La concession fut faite, mais à la condition que la fabrique prendrait à sa charge tous les frais d'appropriation, sans acquérir aucun droit de conserver, même un seul jour, le bénéfice de cette dépense. La concession faite en ces termes ne fut pas acceptée.

En 1886, la demande fut réitérée, et de plus, comme le jardin du Collège s'étendait à l'ouest jusqu'au plan prolongé du grand pignon de l'église, et que la clôture, de ce côté, au lieu d'être perpendiculaire à la façade

latérale de l'église, inclinait obliquement vers l'ouest,
et à une vingtaine de mètres tournait à angle droit et
se dirigeait obliquement vers le sud-est, sans aucun
parallélisme avec les autres lignes de la terrasse, le
curé du Puy demanda qu'il lui fût permis de repousser
la clôture du jardin vers l'est jusqu'au delà du tour
d'échelle, de relever la clôture au midi vers le nord,
jusqu'à ce qu'elle devînt parallèle à l'axe de l'église,
reconnaissant qu'il diminuait ainsi la contenance du
jardin d'environ deux cent cinquante mètres, mais s'en-
gageant, en retour, à reconstruire toutes les clôtures,
à ses frais, à rétablir en forme de ruines sur la clôture
de l'ouest un spécimen de la galerie du premier étage
de l'ancienne mairie récemment démolie, de faire rentrer dans la clôture du jardin un carré resté en dehors
au sud-est, au delà des remparts, et de rendre au champ
de foire la superficie prise sur le jardin du Collège,
d'environ deux cent cinquante mètres, en repoussant
vers le midi la clôture du jardin des Mirepoises jusqu'à
la rendre parallèle à l'axe de l'église, si cela lui était
jamais possible ; et il renonçait à se servir du couloir
pour arriver à la sacristie, tant que cette dernière compensation resterait à faire.

La municipalité accorda le tout, avec cette restriction
que la troisième salle ne serait occupée qu'en vertu
d'un bail à ferme d'une durée indéfinie. Elle ajouta
même l'autorisation de construire sous le jardin du
Collège une citerne et une orangerie voûtées, pour re-
miser pendant l'hiver les fleurs en vases et les arbustes
en pot qui servent à orner l'église les jours de fête.
Tous ces travaux furent exécutés l'an d'après.

Pendant la Révolution, le maître-autel fut brûlé, ainsi qu'une des grandes colonnes du retable et les statues de saint Pierre et de saint Paul. On a mis, au commencement du siècle, un autel moderne, sans valeur artistique, mais brillant de l'éclat de l'or qui le recouvre. La colonne brûlée a été remplacée par une poutre lisse entourée d'une torsade de plâtre et d'ornements relevés de celle qui restait debout, par des procédés de moulage, avec tant d'art qu'il est fort difficile de distinguer la vraie de la fausse. Dans les niches qu'occupaient les statues de saint Pierre et de saint Paul, on voit deux statues de moines du treizième siècle, venues, dit-on, du couvent de Leyme. Elles ont leur valeur à elles propre, et elles étaient sans doute à leur place dans leurs niches primitives. Ici elles sont complètement dépaysées. Au temps où elles virent le jour, le sculpteur donnait aux draperies des formes plates et droites, aux figures des traits amaigris par les veilles et l'abstinence, refoulant la matière pour mieux mettre l'idée en évidence. Nos artistes du Puy, esclaves des goûts de la Renaissance, visent surtout à la beauté plastique : la vie sensuelle s'étale et anime toutes ces formes arrondies et cette matière débordante. Que font là ces pauvres attardés d'un autre âge? Ajoutez que, quoique de grandeur au-dessus de nature, ces statues sont trop petites, puisqu'il a fallu mettre sous leurs pieds des cylindres de simple menuiserie, qui jurent deux fois avec le reste de l'ouvrage, et par la forme ronde que l'artiste n'a placée nulle part, et par l'absence de sculpture dans un ensemble entièrement sculpté.

Quand sera-t-il possible de continuer la restauration

de l'église? La couverture des absides, posée à plat
sur les voûtes, se confond avec les toitures du Collège :
l'église n'a pas de tête au dehors et semble se terminer
au pignon. Il faut que les absides soient élevées de deux
à trois mètres, avec arcatures aveugles supportant les
corniches; que des toitures prismo-coniques, à des hau-
teurs différentes, viennent s'amortir au pignon et aux
trois surfaces visibles de la tour, afin de donner à l'é-
glise l'aspect extérieur imposant, mystérieux, artistique et gracieux à la fois des chevets de style roman.

Enfin les bas côtés demandent des corniches et des
toitures neuves, et le clocher, rétabli sur neuf mètres de
façade et convenablement exhaussé, voudrait des ouïes
et une flèche dignes de la magnifique porte de l'ouest,
du quatorzième siècle.

Une tirelire existe quelque part pour la restauration
du chevet : elle n'est pas tout à fait vide, mais elle
sonne encore bien creux. Ami lecteur, vous pourriez y
mettre quelques offrandes : quand elle n'en voudra plus,
nous verrons ce qu'elle aura dans les flancs et quels
travaux il sera possible d'effectuer.

La Miséricorde a résisté dans une certaine mesure
à l'action destructive du temps. Cent ans après sa fondation, elle fonctionnait encore telle que M. de Laborie
l'avait établie, mais considérablement plus riche que
de son temps, quand les lazaristes, qui, en qualité de
curés du Puy, en étaient les directeurs, voulurent la
confier aux filles de la Charité de Saint-Vincent-de-Paul.
Mlle de Laporte avait déposé pour cette fondation, entre les mains de MM. Jean et François Molinié frères,
l'un prieur du Puy, l'autre supérieur du Séminaire, une

somme de 15,700 livres, placées à rente au denier vingt-
cinq chez M. de Laporte de Larnagol et chez MM. les
directeurs du séminaire de Cahors, lazaristes, exclusivement destinée à fonder dans la paroisse du Puy une
maison de trois filles de la Charité de Saint-Vincent-
de-Paul, pour faire le bouillon des pauvres et prendre
soin d'eux pour le compte de l'œuvre de la Miséricorde.

La famille de Laporte a occupé à Figeac une place
à part parmi les familles les meilleures et les plus en
vue de la ville. On trouve ses représentants à chaque
page des délibérations communales, premiers consuls,
juges à la cour ou présidents, viguiers-lieutenants gé-
néraux. Mlle de Laporte habitait à côté même de l'ancienne Miséricorde, aujourd'hui maison Delort et maison de Mme Besse, à la Recette. On peut voir encore les
armes de la famille à la clef de voûte du pavillon, jeté
à cheval sur la rue : *de gueules à un chevron abaissé
d'argent et une croix haussée d'or brochant sur le tout,
au chef cousu d'azur chargé de trois étoiles d'or.* Neyrac
appartenait à cette famille, ainsi que le moulin de
Saint-Georges, qui porte encore son nom. Jeanne de
Laporte, sœur de la précédente, transporta les biens à
la famille Dufau, par son mariage du 18 mai 1726 avec
le sieur Étienne Dufau. Deux demoiselles Dufau de
Broussolles, Marie-Thérèse et Jeanne-Françoise, les
transportèrent par moitié dans les familles de Pezet
et Salgues, par leurs mariages avec Benoît de Pezet
en 1786 et avec Thomas Salgues en 1793. Ainsi finit la
famille de Laporte, à Figeac.

L'autorisation de placer à la Miséricorde les filles de

Saint-Vincent-de-Paul fut demandée au roi et obtenue. La nouvelle de ce fait s'étant répandue en ville, l'Hospice s'émut : il avait, lui, ses sœurs, qui soignaient les pauvres dans les salles et qui pourraient tout aussi bien les servir à domicile. Comment la paix existerait-elle entre les deux établissements, et ne serait-il pas plus sage d'arrêter ce beau zèle des messieurs du Puy? Il fut décidé que le nouvel établissement n'aurait pas lieu, et même, pour couper le mal dans sa racine, que la Miséricorde perdrait son autonomie et serait incorporée à l'Hospice. M. de Boutarie, président en l'élection, se chargea du rapport qui devait amener ce résultat, sans blesser personne. Il réunit les administrateurs de l'Hospice. « La Miséricorde, dit-il, ayant des biens considérables, il lui faudra un bureau d'administration dont les actes seront soumis au droit de timbre : en annexant la Miséricorde à l'Hospice, les frais de timbre seront économisés. Si les pauvres sont bien soignés à domicile, ils ne demanderont pas à venir à l'Hospice, qui sera ainsi plus riche, en ayant moins à nourrir. Deux sœurs de Nevers seront préposées à la confection et à la distribution du bouillon : elles visiteront ainsi les pauvres tous les jours et leur donneront pleine satisfaction. Le curé du Puy, si zélé pour les pauvres, déjà administrateur de la Miséricorde, prendra rang parmi les administrateurs de l'Hospice. Son influence ne peut que gagner à cette mesure. Au reste, la Miséricorde n'étant pas approuvée, tous ses biens doivent revenir à l'Hospice, en vertu du décret de 1681, qui déclare l'hôpital Saint-Jacques hôpital général et unique de la ville de Figeac. Enfin le roi ne peut pas autoriser la Miséricorde

14.

sans consulter l'Hospice, qui aurait droit de faire opposition et, le cas échéant, n'y manquerait pas[1]. »

Ce rapport, de l'année 1773, dont nous ne donnons que l'analyse, est un chef-d'œuvre d'hypocrisie administrative : il n'est pas dit un mot de la vraie question, et le projet odieux arrêté d'avance est présenté sous les traits de l'innocence et de la candeur. Tout est gain dans la mesure proposée : le directeur de l'œuvre gagnera en la perdant, et l'œuvre elle-même, se voyant privée de son indépendance, de sa liberté, de son existence propre, ne peut que se réjouir ; elle fera quelques économies sur ses frais de timbre. Et le décret de 1681 ? Depuis quatre-vingt-douze ans qu'il existe, on n'avait pas remarqué qu'il fût contraire à l'indépendance de la Miséricorde, et il l'était si peu que la Miséricorde, même après son incorporation, n'a jamais cessé de fonctionner en dehors de l'Hospice et séparément. Il eût été plus franc de dire qu'on ne voulait pas de nouvelles sœurs et qu'on avait besoin des fonds de la Miséricorde pour abattre les vieilles masures qui composaient alors l'Hospice, et élever à leur place les magnifiques constructions que nous admirons aujourd'hui et qui sont exactement de l'époque dont nous parlons.

L'administration de l'Hospice fit si bien que l'autorisation de la fondation, déjà accordée, fut retirée, et que la Miséricorde fut incorporée à l'Hospice par arrêt du 17 juillet 1775.

Peu de jours après, le curé du Puy, malade, vint à mourir. Les esprits étaient dans une excitation ex-

----

1. Archives de l'Hospice.

trême; l'Hospice fit apposer les scellés et demanda l'inventaire des meubles et des papiers du curé défunt et fit saisir tout ce qui touchait à la Miséricorde, y compris le dépôt de Mlle de Laporte.

Comme on ne trouva pas tout ce qu'on attendait, le frère du défunt supérieur du Séminaire fut mis en suspicion. Il dut comparaître devant le juge d'instruction, ainsi que les filles de service et toutes les personnes qui avaient visité le défunt pendant sa maladie ou étaient entrées dans sa chambre. Il résulta de l'enquête que le supérieur du Séminaire avait commis le crime de faire enlever de la chambre de son frère, encore vivant, dont d'ailleurs il était l'héritier, une commode qui embarrassait pour le service, et certains objets qui n'étaient pas en sûreté, à cause du grand nombre d'étrangers qui entraient dans la chambre [1].

Il ne refusa pas, du reste, de faire connaître l'avoir de la Miséricorde : tout inventaire fait, il se trouva qu'elle possédait soixante et un mille deux cent vingt livres de capital, donnant annuellement deux mille deux cent septante-huit livres dix sous de revenu [2], non compris l'héritage de M. Campagnac, curé de Lissac, qui venait de mourir, laissant par testament à cet établissement des valeurs mobilières et immobilières considérables. La Miséricore d'alors était aussi riche que celle d'aujourd'hui.

Les messieurs du Puy ne goûtèrent pas la plaisanterie de M. de Boutaric et ne crurent pas que leur position

1. Papiers de M. Champeval.
2. Archives de l'Hospice.

en ville fût embellie et fortifiée par la perte d'une œuvre qui, par ses rentes, leur permettait de soulager tant d'infortunes. Ils se donnèrent du mouvement pour obtenir du conseil d'État qu'il revînt à sa première décision, mais ce fut en vain : un nouvel arrêt de 1779 confirma celui de 1775 et rendit la spoliation définitive.

La Miséricorde, de droit, était incorporée à l'Hospice ; de fait, elle resta ce qu'elle était, sauf que la direction échappa au clergé du Puy, que les sœurs grises furent évincées et que deux sœurs de Nevers s'occupèrent des pauvres en ville, au lieu et place des dames de la Providence et des filles de bonne volonté qui, sous la direction du curé du Puy, les avaient visités et secourus jusque-là.

Mlle de Laporte, de son côté, n'accepta pas cette manière sommaire de disposer de son bien. Elle réclama son dépôt à M. Molinier, qui répondit : « J'ai les titres, mais je ne puis vous les rendre, parce que l'Hospice les réclame, ni les donner à l'Hospice, parce que vous les redemandez, de peur que si je les livrais à l'un des deux, je ne fusse encore plus tard obligé de les donner à l'autre. » Mlle de Laporte actionna simultanément devant le sénéchal et l'Hospice et M. Molinier. Elle ne put qu'avoir raison, tant le caractère de dépôt conditionnel était évident ; mais il en est de ce procès comme de celui de M. de Lagarde : on ne trouve rien ni au greffe ni aux Archives départementales.

Les sœurs de Nevers gardèrent la Miséricorde pour le compte de l'Hospice jusqu'à la Révolution ; elles l'ont reprise en 1828 pour le compte du bureau de bienfaisance. En 1888, elles ont donné leur démission et cédé

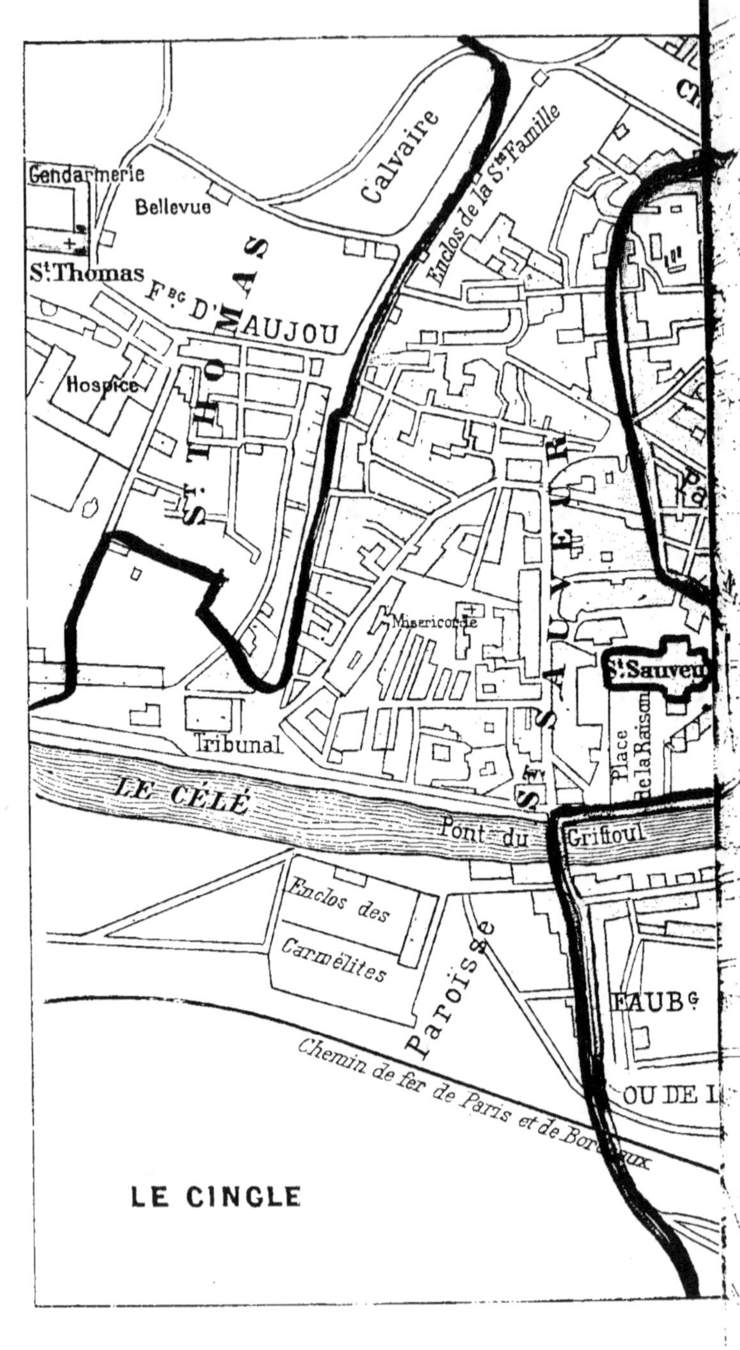

Gendarmerie
Bellevue
Calvaire
Enclos de la Ste Famille
St Thomas
Fbg D'AUJOU
St THOMAS
Hospice
Misericorde
St SAUVEUR
St Sauveur
Place de la Raison
Tribunal
LE CÉLÉ
Pont du Griffoul
Enclos des Carmélites
Paroisse
EAUBg
Chemin de fer de Paris et de Bordeaux
OU DE L
LE CINGLE

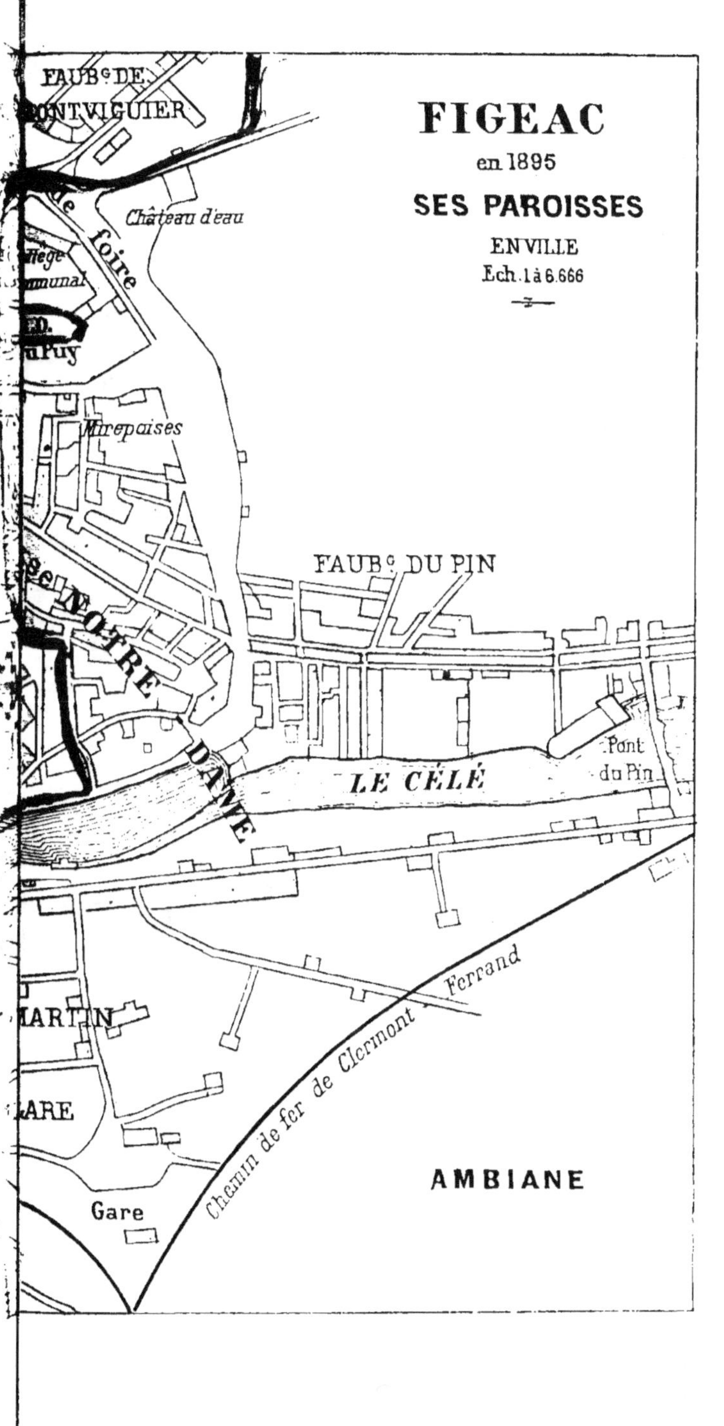

FAUB.g DE. PONTVIGUIER
Château d'eau
de foire
Collège Communal
FD. du Puy
Mirepoises
FAUB.g DU PIN
S.te NOTRE DAME
LE CÉLÉ
Pont du Pin
Chemin de fer de Clermont Ferrand
MARTIN
LARE
AMBIANE
Gare
FIGEAC
en 1895
SES PAROISSES
EN VILLE
Ech. 1 à 6.666

la place aux sœurs de la Sainte-Famille, qui y sont depuis.

Par un juste retour des choses, tout ce qui reste au clergé paroissial de cette institution, qui fut l'œuvre d'un curé du Puy, est revenu au curé de cette paroisse; il est le directeur-né des dames de la Providence, qui en ce moment ne s'occupent que d'habiller les pauvres à l'entrée de l'hiver, et il est aussi administrateur du bureau de bienfaisance, qui, sous un autre nom, est exactement l'œuvre de la Miséricorde.

Les paroisses de Notre-Dame de la Capelle, de Saint-Martin et de Saint-Georges ont disparu, et leurs églises ont été démolies. L'église de Saint-Thomas au Montferrier a été également démolie, et la paroisse est revenue à sa première église du faubourg d'Aujou. La collégiale est devenue une paroisse.

Ainsi quatre paroisses se partagent aujourd'hui le territoire de Figeac : les paroisses de Notre-Dame du Puy et de Saint-Sauveur, en ville : la paroisse de Saint-Thomas, au faubourg d'Aujou, et la paroisse de Saint-Dau dans la banlieue.

Voici leur étendue et leurs nouvelles limites : le Puy, en ville, a toute la gache de Montviguier, la gache du Pin à l'exception des moulins de l'Estang, une partie de Tomfort et une partie de l'Estang, à savoir, tout ce qui est à l'est et au nord de la rue qui de la place Haute va à la place de l'Estang, dite autrefois rue du Mazel, aujourd'hui rues de Baduel et de Clermont. Hors ville, elle possède tout le territoire de la commune à l'est du vieux chemin qui de la porte de Montviguier allait à Saint-Perdoux ; et à l'est du vieux chemin qui de la

porte du Griffoul allait à la Madeleine, en passant par
l'Aiguille, à l'exception du Touron, de la Vinadie et
maisons voisines qui appartient au Mas-du-Noyer, et
de Merle qui appartiennent à Capdenac.

Saint-Sauveur a, en ville, toute la gache de Montferrier, toute la gache d'Aujou, toute celle de Bénagut et
tout ce qui n'appartient pas au Puy des quartiers de
Tomfort, de l'Estang et du Pin. Hors ville, il possède
tout le territoire de la commune compris d'abord entre le chemin qui de la porte de Montviguier, passant
devant celle de Montferrier, va au ruisseau des Carmes
et remonte ce ruisseau sur la rive gauche, et le vieux
chemin qui de la porte de Montviguier allait à Saint-
Perdoux; puis une partie du faubourg de Caviale jusqu'au pont du Gua, et sur la rive gauche du Célé tout
le territoire qui est à l'ouest du chemin de la Madeleine
passant par l'Aiguille, à l'exception des villages du
Basacle, du Mas-de-la-Font, du Mas-de-la-Combe, de
Triguedina et de la Cassagnolle, qui sont au Mas-du-
Noyer, et de ceux qui de tout temps ont appartenu à
Saint-Dau.

La paroisse de Saint-Thomas a le faubourg d'Aujou,
une partie du faubourg de Caviale et tout le territoire
compris entre le Célé au-dessous du pont du Gua, jusqu'à Saint-Georges, le chemin de Saint-Georges au
Causse-de-Neynac, les limites de la commune, le ruisseau des Carmes et le chemin qui du ruisseau monte à
la porte de Montferrier.

Saint-Dau possède le reste.

Les registres de catholicité nous font connaître l'importance relative des nouvelles paroisses : voici pour

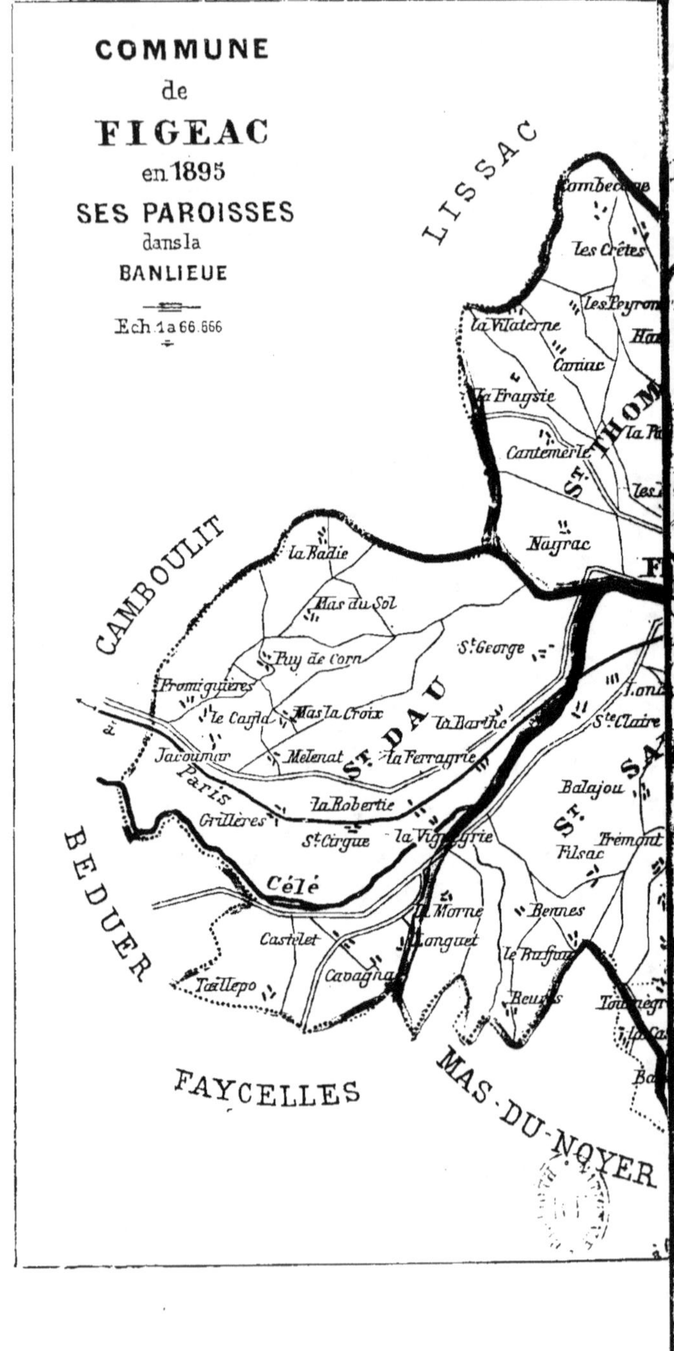

COMMUNE
de
FIGEAC
en 1895
SES PAROISSES
dans la
BANLIEUE
Ech. 1 a 66.666
LISSAC
Cambecane
les Crêtes
les Peyron
la Vilaterne
Ha
Caniac
la Fraysie
ST THOM
la Pa
Cantemerle
les
Nayrac
F
CAMBOULIT
la Badie
Mas du Sol
St George
l'on
Puy de Corn
Fromiguières
Ste Claire
le Cayla
Mas la Croix
la Barthe
ST DAU
à
Jacoumar
Melenat
la Ferragrie
ST SA
Paris
Balajou
la Robertie
Grillères
St Cirgue
la Vignegrie
ST
Trémont
Filsac
Célé
la Morne
Bennes
Castelet
Longuet
le Ruffiac
Cavagna
Taillepo
Reuis
Tounegr
la Ca
BEDUER
Ba
FAYCELLES
MAS-DU-NOYER

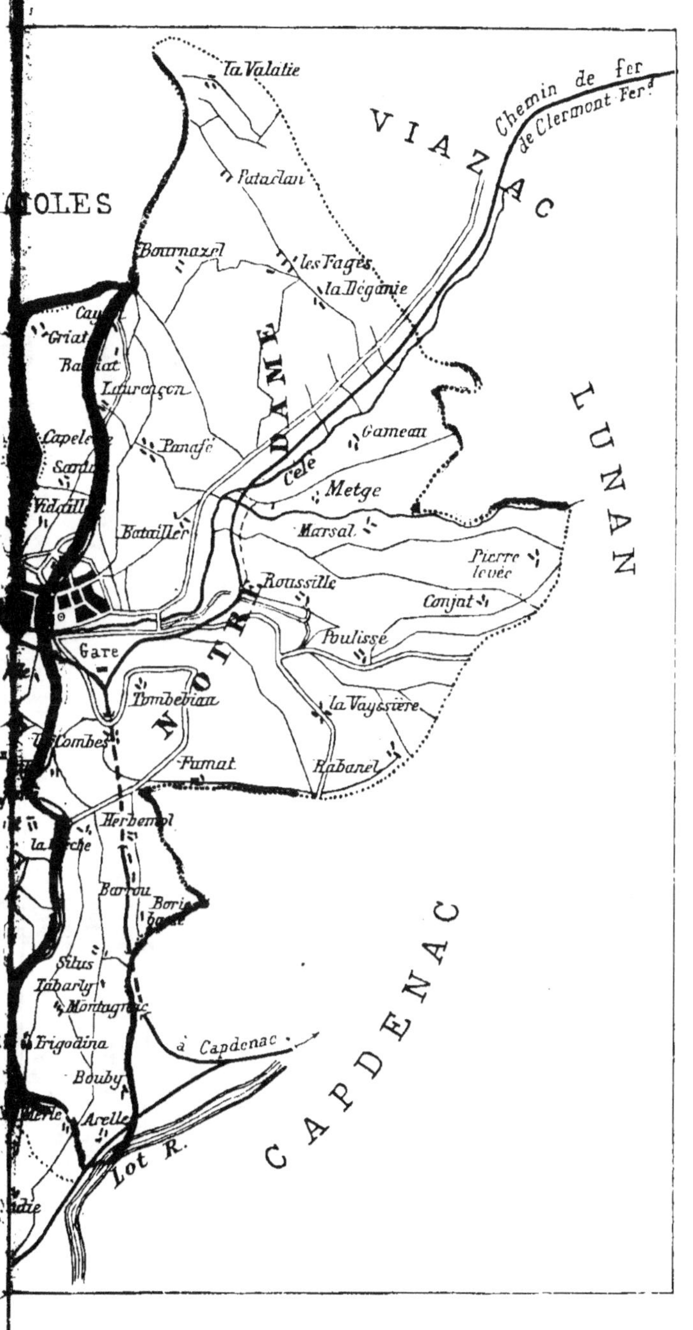

VIAZAC
LUNAN
CAPDENAC
Chemin de fer
de Clermont Ferd
la Valatie
Pataclan
les Fages
la Déganie
Bournazel
Cau
Griat
Ra at
Laurençon
Capele
Sardi
Vidaill
Batailler
Panafé
Céle
Gameau
Metge
Marsal
Roussille
Pierre
levée
Conjat
Poulisse
Gare
Tombebiau
la Vayssière
Combes
Famat
Rabanel
Herbemol
la rche
Barrou
Bori
gne
Situs
Tabarly
Montagnac
Frigodina
à Capdenac
Bouby
erie
Arelle
Lot R.
OLES
DAME
NOTR

les trois de la ville les moyennes des actes des quinze
dernières années, de 1880 à 1894 :

	Baptêmes.	Mariages.	Décès.
Le Puy........	52	20	58
Le Chapitre....	52	22	61
Saint-Thomas..	16	6	15
Totaux.....	120	48	134

Saint-Thomas à ce qu'il possédait avant la Révolution a ajouté la moitié de Saint-Georges et tout ce
que le Puy possédait sur la rive droite du ruisseau des
Carmes.

Le Chapitre a été formé de toute la paroisse de la
Capelle, de la moitié de celle de Saint-Martin et de près
de la moitié de celle du Puy.

Le Puy, enfin, se compose de la moitié de son ancienne paroisse et de la moitié de celle de Saint-Martin.

Le Puy et le Chapitre sont deux grandes paroisses
d'importance sensiblement égale, cure l'une et l'autre
de première classe, et l'une et l'autre chef-lieu de canton.

Le décret constitutif des paroisses, au commencement du siècle, les déclare égales en droits et en honneurs. Toutes les traditions anciennes sont la traduction
pratique de cette disposition fondamentale. Si une paroisse a le pas sur l'autre une année, elle le cède l'année suivante, et toujours ainsi alternativement, comme
cela se pratique encore pour les grandes processions.
Si l'évêque descendait chez l'un des deux curés pour
la visite pastorale, à la visite suivante il descendait
chez l'autre. Mᵍʳ Grimardias, le premier, a interrompu
cette coutume, donnant pour raison la dignité d'archiprêtre dont est revêtu le curé de Saint-Sauveur, dignité

qui obligerait l'évêque à descendre toujours au presbytère de Saint-Sauveur, jamais au presbytère de Notre-Dame. A Notre-Dame on croit, au contraire, que la dignité d'archiprêtre est personnelle, et donne à celui qui en est revêtu le pas sur tous les autres curés de l'arrondissement, sans modifier en rien les droits des paroisses ni légitimer l'interruption des usages acquis. Le clergé du Puy présidait aux offices de la fête patronale du Chapitre, et le clergé du Chapitre aux offices de la fête patronale du Puy ; le lundi des quarante heures, il n'y avait de sermon que dans une des deux églises, une année dans l'une, une année dans l'autre ; la passion était prêchée dans une église le matin, dans l'autre le soir, alternativement ; les exercices du mois de Marie étaient dans une église le matin, dans l'autre le soir, et on alternait par semaines. Il en était ainsi pour toutes choses, et cette fraternité, à tout moment rappelée par les faits extérieurs, s'imposait aux âmes. Les fidèles, appelés par la force des institutions dans les deux églises, n'étaient étrangers dans aucune, et, quand la raison y était, les deux paroisses remplissaient la même église. L'édification y gagnait, et la solennité des offices aussi.

Mais depuis quelque temps, fort des avantages réels que lui donne sa position centrale en ville et de quelques autres avantages factices qui n'ont aucune garantie de durée, le Chapitre a pris le Puy en pitié et lui a dénié tout droit à l'égalité. Par suite, toute entente a cessé, les vieilles habitudes sont devenues surannées, et chaque église a réglé ses offices comme si l'autre n'existait pas. Il est résulté de là une multiplicité d'offices et de prédications qui ont retenu chaque fidèle dans l'église qu'il a choisie, qu'elle soit sa paroisse ou non ; l'assistance aux offices s'est émiettée, et les auditoires se sont réduits autour de nos chaires, à ce point que les prédicateurs, en présence de ce fâcheux résultat, éprouvent un découragement qui paralyse leur zèle. Cet exclusivisme passe des faits aux sentiments de l'âme, et s'il y a fraternité entre fidèles, je ne dis pas paroissiens, de la même église, entre fidèles de l'une et fidèles de l'autre il y a suspicion, malaise, gêne, presque de l'hostilité : rien n'est plus regrettable ; les relations en ville sont moins cordiales, et la religion ne gagne pas à cet état de choses.

Le Puy, qui pendant des siècles a été la seule grande paroisse de Figeac, n'a jamais été tenté de refuser le pied d'égalité au Chapitre ; pourquoi le Chapitre le refuse-t-il au Puy ?

On a cru, à diverses reprises, qu'une division plus rationnelle des paroisses ferait disparaître toute difficulté. Une division des paroisses, quelle qu'elle soit, ne changera rien à la situation, qui a pour cause la proximité des églises, distantes de moins de trois cents mètres, et non les divisions territoriales. Du reste, la division actuelle, quelque bizarre qu'elle soit, a sa raison d'être. La ligne divisoire allant du nord au midi a l'avantage de donner à chaque paroisse une partie de la plaine et une partie de la montagne ; si elle allait de l'est à l'ouest, elle donnerait à une église la plaine et à l'autre la montagne, et cette dernière, ruinée par cette distribution, ne pourrait plus subvenir aux frais du culte ; car depuis la construction des quais et l'établissement de la gare sur la rive gauche du Célé, la fortune, le commerce et le mouvement vont à la plaine et au midi de la ville.

Il n'y a pas à toucher à la division des paroisses en ville ; mais à la campagne un échange serait possible, désirable même : le Chapitre devrait abandonner tout ce qu'il possède au nord, et en compensation prendre au midi tout ce qui est, par exemple, à l'ouest de la route de la Madeleine et du chemin de las Combes qui va à Capdenac par Fumat.

Une autre solution se formule à voix basse, se répète à mots couverts : le déclassement du Puy. Qu'est-ce à dire ? Un déclassement pur et simple, qui ne s'appliquerait qu'à cette paroisse, tout en la laissant intacte, ne modifierait en rien la situation respective des deux églises ni les relations qui doivent exister entre elles : il aurait l'inconvénient grave de mettre le curé du Puy dans l'impossibilité de tenir son rang de curé de ville et de doyen du canton, tout en lui en laissant le devoir et la nécessité. S'agit-il d'un déclassement et d'un démembrement à la fois, qui ne laisserait à Figeac qu'une grande paroisse, le Chapitre, et réduirait le Puy à la condition d'une simple église de faubourg ? Il peut en être ainsi ! Mais, outre l'injustice criante d'un pareil traitement, d'une pareille mutilation infligée, sans raison, à une grande paroisse vieille de plus de dix siècles, outre la perte des généreux et féconds dévouements qu'apporte à la cause du bien la loyale émulation des paroisses, quand elle n'est pas détournée en une triste rivalité, comment une fabrique diminuée réussirait-elle à entretenir cet immense monument qui couvre plus de quinze cents mètres de superficie, et à organiser dans la vaste nef, sans frais démesurés, un maigre service pour une poignée de fidèles? Le mieux serait de raser l'édifice, et avec les débris d'élever une chapelle de dimensions restreintes.

Non! on n'en viendra pas à ces déplorables extrémités!

Quand l'auteur de cette notice prit possession de son poste, son premier mot fut : LA PAIX ; quand il le laissera à son successeur, de gré ou de force, son dernier mot sera encore : LA PAIX. Voilà la solution, la vraie, l'unique solution de toutes les difficultés interparoissiales, à Figeac.

La paix existera le jour où chacune des deux grandes paroisses, se contentant de la part qui lui a été faite, sans chercher à s'agrandir au détriment de l'autre, reconnaîtra loyalement les droits de sa voisine et les respectera.

Le Chapitre n'a eu encore que quatre curés, qui sont : MM. Cormier, transféré du Puy en 1803 ; Debons, l'auteur de nos *Annales,* ancien chanoine de la Collégiale, de 1806 à 1848 ; Traversier, de 1848 à 1861 ; A. Massabie depuis 1861.

Ce dernier a fait à l'intérieur de son église, qu'il trouva en mauvais état, des réparations nombreuses, très belles et très coûteuses. Il commença, en 1870, par le pavé, qu'il refit en entier, en larges pierres solides et bien nivelées, sous lesquelles il engouffra une grande quantité de ciment, pour empêcher l'humidité du sous-sol de remonter jusque dans l'édifice. Il fit ensuite gratter et piquer les murs pour mettre à

nu la pierre de taille, qui à elle seule devient un ornement et une beauté, par la grandeur du monument et
le grand nombre de piliers, de colonnes, d'arceaux, de
fenêtres, le tout en blocs de grès et d'appareil régu-
lier. Si quelque pierre avait trop souffert des injures du
temps, elle fut remplacée ou remise en son premier
état au moyen du ciment. Les voûtes, sans doute en
briques et d'une simplicité qui ne s'accorde pas avec
le reste de l'édifice, ont reçu une couche de plâtre :
cette blancheur du plâtre crie dans un édifice tout de
grès de couleur sombre. Pourquoi ne pas mettre au
moins un enduit de ciment et simuler l'appareil de la
pierre ?

Puis toutes les ouvertures, hautes et basses, reçurent
des vitraux de grand prix, sortis des ateliers de Vilhès,
de Bordeaux. Toutes les chapelles ont vu leurs autels
restaurés ou remplacés par des autels neufs, de bois ou
de pierre ; toutes ont été fermées de grilles de fer ar-
tistement travaillées. Enfin le maître-autel du chœur,
qui était en bois doré, a cédé sa place à un autel monu-
mental de pierre, marbre et bronze, venu des ateliers
de sculpture de Poitiers. Il a l'inconvénient, par ses
grandes dimensions, de cacher une partie des arcatures du chœur et les profondeurs de l'abside centrale,
qui est à vingt mètres en arrière.

En 1882, M. A. Massabie demanda à la municipalité
de lui rendre l'ancienne maison de l'abbé, dont elle
s'était emparée et où elle avait installé la bibliothèque
de la ville, reste de la bibliothèque du Séminaire et des
bibliothèques des couvents. Cette maison, il la rebâtit
en l'agrandissant, sous la direction de M. Formiger, de

Paris, architecte-inspecteur général, et ainsi sa paroisse fut dotée d'un très vaste et très beau presbytère.

Voici les successeurs de M. de Laborie au Puy jusqu'à ce jour : MM. Reynal, 1699; Rouzet, 1720; Mazards, 1727; Calmels, 1737 : Méric, lazariste, 1742; Molinier (Jean) et après lui Molinier (François), frères, de 1750 à 1776; Froment, 1776; Calmels, 1791, qui eut la faiblesse de prêter serment à la constitution civile du clergé; Cormier, 1802; Lacurie, 1803; Labanhie, 1829; Labro, 1833; Tréneule, 1853; B. Massabie, 1875.

FIN

La *Question de prééminence*, publiée en 1879, fut un premier chapitre isolé de l'histoire de la ville de Figeac ;

L'*Origine et Ancienne Constitution de la commune de Figeac*, publiée en 1880, en fut un second ;

La Vie et les Œuvres de M. de Laborie en est un troisième.

L'auteur ne se flatte pas d'avoir le temps de mener l'ouvrage à bonne fin ; mais il pose des jalons, un autre ouvrira la route ; il cherche des matériaux utilisables dans le chaos des documents, un autre élèvera l'édifice ; il sème, un autre récoltera.

L'impression de ce livre, tel qu'on vient de le lire, touchait à sa fin, quand, en septembre 1896, appelé à vivre à Cahors auprès de Mgr Énard, j'ai dû rompre, non sans douleur, tous les liens qui m'attachaient à ma paroisse bien-aimée et à ma ville d'adoption.

Adieu, œuvres commencées ! projets élaborés ! espérances caressées !... Adieu, surtout, l'histoire de la ville !

Il restait encore de beaux chapitres à éditer avant le travail d'ensemble : *La Charité à Figeac*, d'après les Archives de l'Hospice, qui remontent jusque vers le douzième siècle ; *Figeac et la Guerre de Cent ans*, d'après les Archives de la ville et documents divers ; la *Fin du Monastère*, d'après la collection Doat ; *Figeac et les*

Temps révolutionnaires, d'après les Archives de la mairie ; *Figeac et la Grande Gare du chemin de fer*, en ces derniers temps, d'après les délibérations municipales et les lettres relatives à cette affaire, qui remplissent tout un grand volume in-4°, aux galetas de la mairie.

Il n'y a pas à revenir sur les conclusions de la *Question de prééminence*, cette solution est acquise à l'histoire : il faut être de Figeac pour l'ignorer, dit-on à l'École des chartes.

Celui qui voudra continuer ces études peut se servir des publications énumérées ci-dessus comme de son propre bien.

C'est seulement après mon départ de Figeac que j'ai eu sous les yeux le décret du 26 mars 1888 concernant la paroisse du Puy. Je le considère comme un grand obstacle à la paix et comme un grand malheur pour la paroisse et pour la ville.

Puisse-t-il toujours rester lettre morte, comme il l'est depuis huit ans ; et si un jour il passe à exécution, puisse le Chapitre n'en tenir aucun compte, mais donner le bras à sa sœur aînée sans la repousser ni l'humilier jamais, mais marcher noblement avec elle d'un pas égal, pour la prospérité du bien et des œuvres, l'honneur de la religion, le salut des âmes et la gloire de Dieu.

Cahors, le 1er octobre 1896.

TABLE DES MATIÈRES

SOCIÉTÉ ANONYME D'IMPRIMERIE DE VILLEFRANCHE-DE-ROUERGUE
Jules BARDOUX, Directeur.

9 782329 413082